DE LA NOCHE

EL OJO DE LA NOCHE

NUEVAS CUENTISTAS CUBANAS

Compilación, prólogo y notas:
Amir Valle

Editorial Letras Cubanas, La Habana, Cuba

Edición: Ana María Muñoz Bachs
Cubierta: Alfredo Montoto Sánchez
Ilustración de cubierta: Odalys Hernández
Composición computarizada: Tatiana Saprikina

I.S.B.N.: 959-10-0498-2
Depósito Legal: M-34443-1999
Imprime: S.S.A.G., S.L. - MADRID (España)
Tel.: 34-91 797 37 09 - Fax: 34-91 797 37 73

Instituto Cubano del Libro
Editorial Letras Cubanas
Palacio del Segundo Cabo
O'Reilly, esquina a Tacón
La Habana, Cuba

A Salvador Redonet, claro,
porque un día me enseñó que siempre es necesario
—imprescindiblemente necesario en estas lides—
correr el riesgo;
en su eterna memoria de maestro y amigo;
por su permanencia.

Las mujeres, dentro de la historia de la humanidad, han estado siempre en desventaja —por llamar su situación en forma algo eufemística— para entregarse por entero al acto de la creación. Las razones, de origen económico y que después se desbordaron hacia la moral, la religión, la familia, y todas las esferas que envuelven la vida material, impidieron el libre acceso de la mujer a la cultura. [...]. La búsqueda de la identidad ha sido una inquietud y un desafío para todos, y dentro de esos desvelos, las narradoras cubanas, como la bíblica Mujer de Lot, aun corriendo el riesgo de convertirse en estatuas de sal, han abierto los ojos y miran y cuentan.

MIRTA YÁÑEZ

Prólogo a *Estatuas de sal*

EVA DEJA DE SER COSTILLA
(o casi un prólogo)

El 15 de enero de 1929, el diario mexicano *Excélsior* publicaba:

> Hemos visto dos fotografías extremadamente reveladoras recogidas por la policía. Una de Julio Antonio Mella y la otra de su amante, Tina Modotti. Ambas fotografías muestran a estos individuos completamente desnudos, en una pose indecente aceptable para criminales desvergonzados y figuras del bajo mundo, pero no en un apóstol del comunismo... Y este hecho —sólo este— sería suficiente para que personas honestas y decentes nieguen a Mella los honores póstumos y releguen a su amante a la categoría de las hembras que venden o alquilan su amor.[1]

Poco después, cuando el periódico llegó a publicar los desnudos en cuestión, un grupo de artistas, entre ellos el conocido muralista mexicano Diego Rivera, intentaron lograr que se publicara una declaración de protesta que decía, entre otras cosas:

> Este es un precedente, un ataque extremadamente grave contra el libre ejercicio de todos los artistas, ya sea en la escultura, la pintura, la danza o el teatro; no se puede tolerar de ninguna manera que un desnudo como tal sea

1 Christiane Barkhausen-Canale. *Verdad y leyenda de Tina Modotti*, p.162, Ediciones Casa de las Américas, 1989.

calificado de inmoral; si esto fuere así, habría que condenar al cincuenta por ciento de las mayores obras de arte en el mundo.[2]

Visto lo anterior, puede establecerse un paralelo comparativo entre la situación descrita (referida al ataque de la prensa mexicana hacia la personalidad artística y política de la Modotti, luego del asesinato de Mella) y lo referente al asunto *discurso femenino* en la promoción de los '90. Es necesario, entonces, delinear en qué puntos podemos establecer ese grado comparativo y, digamos que hay dos aspectos coincidentes:

El estado temporal estacionario de las concepciones artísticas de la sociedad, y
el dinámico y dialéctico concepto de arte de la intelectualidad artística.

El primero ubica su marco existencial en el acomodamiento que ocurre dentro del sistema de leyes que rigen una sociedad (mediante y a través de las condicionantes políticas y económicas, esencialmente) con respecto al análisis valorativo de «lo artístico». En otras palabras, la sociedad acomoda su valoración sobre qué es o no es arte, a sus intereses económicos y políticos, interesándose porque éste (el arte) no entre en contradicción con sus objetivos sociales.

El segundo, también muy regido por esas leyes sociales, plantea una ruptura a este estatismo impuesto por la sociedad, de acuerdo al desarrollo intelecto-profesional del/os artista/s y de los movimientos/tendencias/estilos que representan dentro del universo artístico de su época, incidiendo notablemente en esta «concientización de la ruptura o apertura» el estado de madurez artística del creador.

Contemplado de modo más ceñido a los dos casos que se comparan, es posible concluir (generalizando) que la socie-

2 Christiane Barkhausen-Canale. Ob. cit., p.164.

dad mexicana (entonces dominada predominantemente por dogmas políticos, entre ellos, y referidos al análisis en cuestión, el apoyo a la dictadura machadista que asesinó al líder cubano Julio Antonio Mella) manipulaba concepciones muy estrechas y ortodoxas sobre qué es arte, mientras que la intelectualidad mexicana (por esa época en un estado de florecimiento que lo convertía en uno de los punteros culturales de América) estaba conscientemente muy cerca de los patrones valorativos del arte a nivel mundial.

Algo similar ocurrió con la «ética establecida» por la Revolución respecto al asunto «mujer en una nueva sociedad» y la plasmación de ese status por la narrativa femenina. Ocupada en dar a la mujer cubana el lugar que realmente merecía dentro de la superestructura social recién transformada, la Revolución fue uno de los principales promotores del feminismo como estandarte de primer orden para la liberación del llamado sexo débil. Esta política, ingresada por disposiciones legales en el sistema educacional y de prensa, fundamentalmente, fortaleció el feminismo nacional en todos los niveles de la creación social, incluidas las artes y la literatura. De ahí que aun las creaciones más maduras estéticamente dentro de la narrativa de la Revolución presenten momentos importantes donde la óptica feminista (válida en su esencia) adquiere rangos de didactismo, en ocasiones bastante ineficaces.

No es este el caso del discurso femenino en la narrativa de los '90. Y aquí se impone una pausa: ¿por qué narradoras del '90 y no novísimas, postnovísimas, transnovísimas, según Redonet? La respuesta podría estar en algunas otras preguntas: ¿dónde incluir a narradoras que sobrepasan la edad de las incluidas en esas promociones establecidas a partir de fechas de nacimiento? ¿Si las transnovísimas, según Redonet, son aquellas nacidas a partir de 1973, han de incluirse ahí muy jóvenes cuentistas como Susana Haug, casi tan madura como sus colegas de antología? Preferimos atenernos al criterio de incluir en esta promoción a todas aquellas narradoras que comenzaron a escribir con calidad fundamentalmente a fines de la década del '80 y a las que han surgido hasta 1998, momento en que cierra esta selección.

Aun cuando las narradoras de esta promoción reciben el legado de apertura temática y estilística que significó la ruptura planteada y llevada a efecto por los narradores de esta promoción a principios y mediados de la década del '80 (por lo menos la crítica así lo ha establecido), puede plantearse un grado superior de acercamiento a temas y modos de abordar la realidad en este grupo de jóvenes escritoras, si se compara con la obra escrita por mujeres de promociones anteriores. De ese modo, hay una aplastante verdad: socio-culturalmente, el feminismo didactista (por obra, gracia e interés de la Revolución) fue consolidándose en el discurso femenino de la narrativa revolucionaria cubana y es en algunas obras de estas narradoras donde comienza a evidenciarse, con carácter fenoménico, un «nuevo modo» de incisión en los problemas de la juventud femenina cubana actual.

Esta especie de dinamismo antifeminista (quizás no sea exacto el término, pero entiéndase: ruptura de las ataduras sociohistóricas impuestas al arte de algún modo por el feminismo) apareció de golpe, básicamente (en el caso de la obra publicada por las féminas en la década del '80) en *Casas del Vedado*, de María Elena Llana, *El diablo son las cosas*, de Mirta Yáñez, *Estudio de familia*, de Lázara Castellanos, *Niña del arpa*, de Olga Fernández, y algunos cuentos de Aida Bahr y Marilyn Bobes, lo cual no puede analizarse como fenómeno, entre otras posibles causas, por el distinto grado de ataque (cualitativamente hablando) de estas autoras contra las dogmáticas perspectivas didácticas del feminismo en la literatura.

Ellas

En la lista de narradoras de la promoción del '90 también aparecen nombres que se iniciaron en los talleres literarios a principios de la década del '80: Ana Luz García Calzada,

Gina Picart Baluja, Mirna Figueredo y Gertrudis Ortiz Carrero; otras que aparecieron a finales del decenio: Verónica Pérez Kónina, Ena Lucía Portela, Karla Suárez, Lucy Araújo y otras que factualmente surgen en los '90: Midiala Rosales, Cristina Fernández, Rebeca Murga Vicens, Yamilet García, Diana Fernández, Agniezka Josevna Hernández, etcétera.

De ellas tienen libros publicados en el género, en el momento en que se escriben estas líneas, Ana Luz García Calzada, de Guantánamo (*Desmemoria del olor*, *Y los ojos de Papá, Minimal son*); Gina Picart Baluja, de Ciudad de La Habana (*La poza del ángel*); Gertrudis Ortiz Carrero, de Camagüey (*Estoy despierta*); Lucy Araújo, de Las Tunas (Itanam) y Verónica Pérez Kónina, de Ciudad de La Habana (*Adolesciendo*, premio David de la UNEAC), entre otras, y el resto ha publicado cuentos en las antologías *Los últimos serán los primeros*, y *Nuevos cuentistas cubanos* (Pinos Nuevos, segunda edición), así como en revistas literarias nacionales y provinciales.

Simplemente narrar vs feminismo

Si se parte del concepto de feminismo como principio social que otorga a la mujer los mismos derechos del hombre, en sus connotaciones psicológicas, éticas, accionales, sociales, etc., se entiende la existencia de obras netamente didácticas en la mayor parte de las escritoras cubanas que surgieron a partir del triunfo revolucionario de enero y que pretendieron utilizar su obra como un puente comunicativo hacia la sociedad de los logros y derechos de la mujer en la nueva era social del triunfo revolucionario. Este didactismo, que logró, incluso, interceptar algunas zonas de la creación de autoras «hechas» en promociones anteriores a la Revolución, frustró/retrasó/estatizó las propuestas estéticas, como ya se dijo, de la mayor parte de las narradoras conocidas a partir de la década del '80.

Mirta Yáñez, en su prólogo a la antología *Estatuas de sal*, se refiere a un punto que comparto, pero que prefiero añadir al mío, pues considero que no fue sólo como ella dice:

> la abigarrada problemática social y estética trajo muchas consecuencias, entre ellas la casi total exclusión de la voz narrativa femenina. Las autoras femeninas aspiraron a poner su pica en el Flandes de la narrativa desde los mismos principios de los años sesenta, pero no sólo por razones de «invisibilidad» sexista, sino por la propia inclinación salvaje de la balanza temática hacias los temas de la «dureza», las narradoras se convirtieron con rapidez en estatuas de sal.[3]

En otras palabras, aun con la terrible certeza de ser algo crudo, a esa «invisibilidad sexista» y a esa «inclinación salvaje hacia los temas de la dureza», sumaría la saga de literatura feminista didáctica a ultranza (de la cual aún podrán recordarse algunos tristes y terribles ejemplos), que comenzó a evidenciarse en la década de los sesenta y alcanzó su auge en el llamado «período gris de la literatura» (los setenta), aumentando el ya amplio caudal de malas obras escritas en ese tiempo por los narradores.

Precisamente, con una mirada cosmogónica totalmente liberada de ese tipo de feminismo, surge *Casas del Vedado* (en opinión del autor de esta compilación, una obra superior de la narrativa femenina cubana hasta hoy, después de la cuentística de Dora Alonso, y un competidor que deja bien detrás a mucha narrativa escrita por los hombres), que propone una identificación del asunto «contar un cuento» en nada diferente a la propuesta ya bien definida en el lado de los «machos». Un viejo crítico santiaguero definió en un encuentro de narradores lo que él consideraba la diferencia entre narrativa feminista y narrativa, y dijo: «lo que muchas no han

3 Mirta, Yáñez. «Y entonces la mujer de Lot miró» (prólogo). En: *Estatuas de sal*, p. 32, Ediciones UNIÓN, 1996.

entendido (y se refería a las escritoras) es que la literatura es una sola: sea escrita por un hombre o por una mujer, y que cuando Ud. coja un libro de cuentos o un cuento o una novela de fulana de tal y le quite el nombre y sienta ese golpe mágico de encontrarse ante una genuina obra literaria, entonces, sólo entonces, se hallará ante una obra libre de feminismo». Discutible o no este criterio, lo cierto es que la mayor parte de las primeras piezas narrativas de algunas autoras de la promoción del '80 adolecen de un marcado didactismo feminista que hace totalmente plausible la mano de una mujer detrás del texto con la intencionalidad de «hacer ver» que la mujer como ser social «tiene los mismos derechos que el hombre» en una sociedad como la nuestra, al tiempo que, en algunos casos, se descubre otra intención de demostrar que «la mujer puede escribir tan bien como un hombre», tal como se discutió en varios encuentros de la crítica en la década del '80, características estas que no están presentes en las obras mencionadas (y posteriores) de María Elena Llana, Mirta Yáñez, Lázara Castellanos y Olga Fernández, y donde se evidencia el concepto de narrar la historia desde la óptica de la importancia de la propia historia y no desde el interés de demostrar que «es una mujer quien narra»: lo esencial en estos libros, y valga la redundancia, es la historia.

Ellas, otra vez

Mencionar aquí sus obras prontas a ser publicadas, algunas en casas editoras nacionales y otras gracias al surgimento de sellos editoriales provinciales, así como referirnos a las incluidas en libros, antologías, revistas, plaquettes, ..., sería realmente agobiador. Sí es bueno señalar que la crítica (y los críticos que quieran debatir, contradecir, o simplemente hablar del tema) ya tienen más de una veintena de libros por valorar, y por leer, cerca de sesenta cuentos publicados en diversos sitios nacionales, provinciales e internacionales (por ejemplo, más de una decena de estas autoras ya aparecen en antologías realizadas desde Cuba y sobre Cuba en el extranjero).

Es hora de prestar atención (por suerte y de algún modo ya se hace) a la narrativa que siguen escribiendo o escriben hoy autoras como Ana Luz García Calzada, Gertrudis Ortiz Carrero, Gina Picart Baluja (uno de los puentes entre la promoción del '80 y la del '90), Rebeca Murga Vincens, Mylene Fernández Pintado, Ena Lucía Portela, Adelaida Fernández de Juan y Verónica Pérez Konina. También hay que fijarse detenidamente en las propuestas de Manelic Ramos Ferret, Odette Alonso Yodú, Midiala Rosales, Anna Lidia Vega Serova, Elvira Rodríguez Puerto, Zoelia Frómeta, Yordanka Almaguer, Adriana Zamora, Adriana García, Yamilet García, Aymara Aymerich, Yania Suárez, Gloria Bauzá Comesaña, Elvira Van Brakle Guerra, Lucy Araújo, Ida Mitrani, María Liliana Celorrio, Olga Lidia Pérez Rodríguez, y las más jóvenes (o de reciente aparición) Susana Haug Morales, Yisel Concepción Fernández, María Denis Valle, Maribel Feliú, María Teresa Lima Pérez, Yumary Alfonso, Ariadna Miguel, Carmen Morales, Yoandra Santana, Yasmín Sierra y Diana Fernández. Muchos nombres (más de una treintena) para mostrar el fenómeno en su esencia, aunque pasados algunos años, como se sabe y es lógico en arte, sólo sobrevivan algunos.

De ellas, quizás de algunas otras que aún no pasan de varios cuentos escritos, debe esperarse una reacción-ruptura (ya se indicó) más demoledora a medida que su obra consolide, madurez mediante, en un verdadero cuerpo literario personal y no como sucede actualmente, en lo fundamental con las nacidas en los '70, en narrativas imperfectas seguidoras de ciertos modismos literarios en los planos temáticos y formales-estilísticos. La semilla está plantada. Tiene que romper la tierra.

NOTA A LA EDICIÓN

Mirta Yáñez se estremecía sólo de pensar en qué habría sido de su antología *Estatuas de sal*, si hubiera podido incluir a un grupo de narradoras por entonces inéditas. A la hora de realizar esta selección, también me estremecí. La permanencia risueña del amigo y maestro Salvador Redonet me dio los ánimos suficientes para seguir, consciente de que cualquier intento de este tipo siempre será imperfecto.

Aunque son mayoría, no se quiso hacer una selección habanocéntrica de la narrativa escrita por mujeres en las últimas promociones. Se intentó buscar narradoras en todos los rincones del país. Realmente se encontraron. Su no aparición en este libro se debe exclusivamente al no envío de los textos por causas implicables o no a las autoras, al envío de cuentos de poca factura (aun cuando las escritoras presentan logros importantes con obras mejores), y a la falta de comunicación con otras, debido a que se conoce su existencia, pero no su localización exacta. Todas las cuentistas aquí incluidas surgieron (es decir, dieron a conocer en letra impresa sus primeros textos) a partir de 1984, por eso se encontrarán autoras de quince años junto a otras de poco más de cuarenta. Su ubicación se hizo exactamente en ese orden.

Las autoras y los cuentos presentes en esta selección no pretenden ser representativos, ni únicos, ni superiores: la verdadera pretensión del compilador fue mostrar nuevas aristas de un fenómeno que realmente existe, por encima del alcance de la más ambiciosa antología.

SUSANA HAUG MORALES (Ciudad de La Habana, 1983). Narradora y poeta. Miembro de la Asociación Hermanos Saíz (AHS). Ha obtenido, entre otros, menciones en el género de cuento en los concursos nacionales La Buena Pipa 1996 y Hemingway 1997. En literatura infantil resultó finalista de los concursos Fundación de la Ciudad de Santa Clara 1997 y David 1997. Textos y cuentos suyos han sido incluidos en varias publicaciones de Cuba y España.

Desde que en 1996, con sólo trece años, discutiera el Premio Nacional de Cuento La Buena Pipa, convocado por única vez en Santa Clara por la Asociación Hermanos Saíz, esta joven narradora demostró un talento singular en la recreación de situaciones fantásticas, con un lenguaje poco común para su edad y un manejo lúdicro-grotesco de la psicología de los personajes. Aunque sus mayores méritos se encuentran en la literatura infantil por la frescura e imaginería con que aborda sus historias, sus recientes incursiones en la llamada «narrativa para adultos» han despertado la atención de críticos y escritores. Muchos se preguntan si nos encontramos ante un pequeño (altísimo en estatura) genio de las letras. Obviamente, sólo el tiempo dirá.

LA SALVACIÓN

El perro se había echado a los pies de la mujer. Era casi imposible moverlo de allí una vez que se quedaba tranquilo. Sólo ella podía. Tenía un pelo áspero y recortado. Le gustaba que la mujer se rascara los pies sobre su espalda, y luego lo volteara panza arriba para seguir acariciándolo con la punta de los dedos. Podía pasarse horas así, escuchando sólo el roce de su pelaje contra la piel transparente. Había frío y silencio. Nada se movía en derredor excepto las cortinas de la ventana, la cola del perro y los dedos de ella. Se estaba pintando las uñas de rojo. La brocha subía y bajaba rítmicamente. Podía gastar el pomo de pintura en la primera uña. Las cosas permanecían en su sitio preciso, sin una escuálida pielecilla de polvo que viniera a tragarse el brillo de los búcaros y las copas en la repisa. No había flores ni cuadros en la habitación. Sobre una mesa apartada desfilaba una exposición de viejos retratos en blanco y negro, y una pequeña foto a color, escondida entre los marcos de las otras. Tenía un pisapapeles arriba para que no se volara con el viento, aunque la mujer no se preocupaba de cerrar la ventana. El pisapapeles era verde y sin dibujos. Tan vacío como las paredes de la habitación. Los restos de una tonada callejera se esparcían por el interior. El espacio circundante era una masa amorfa de muebles, estantes y lámparas sin bombillos. Tampoco entraba mucha claridad, porque las luces del vecindario habían sido robadas o llevaban rotas más de un año. Las paredes estaban pintadas de gris y hacían juego con las cortinas, que eran negras. La mujer seguía rellenando sus uñas de rojo con una precisión maquinal, como si repasara los trazos de un óleo terminado. No levantaba la vista de su dedo índice, ni siquiera cuando bostezaba el perro, y entonces reanudaba los masajes con el pie izquierdo. El otro lo mantenía dentro de una pantufla. Usaba un camisón trasparente y el perro jugueteaba con la ropa interior. Una puerta se abrió. Enseguida volvió a cerrarse con un portazo. Alguien descorchó una botella, y llenó dos vasos.

—Hola —dijo el hombre y sonrió avanzando hacia ella. Apenas podía definírsele el rostro. Sus ojos de gato brillaban en la semioscuridad, como desde una caverna profunda y deshabitada. Tenían una luminosidad salvaje. También sus dientes resaltaban en contraste con el fondo opaco—. ¿Qué haces a oscuras? Te compro bombillos y tú los dejas fundir en la caja.

—Lo sé. Pero no hacen falta. Me las arreglo mejor así.

—¿Recuerdas el asunto de la comida familiar? Te dije que era muy importante para mí. ¿Por qué no te has vestido?

—Eso hago —respondió la mujer sin levantar la vista del pomo de laca. Luego se llevó los dedos a poca distancia de la boca y comenzó a soplarlos. Entraba demasiado aire a la habitación. La puerta del baño comenzó a chillar. Se abría y cerraba a cada rato y sonaba ronco. No paraba de oscilar. El hombre se volvió y los ojos de gato se agrandaron en su cara. Se mordió el labio inferior y la cerró de un portazo. Le echó el pestillo y se quedó unos segundos con la frente pegada a la madera. Parecía querer matarla a golpes. Sus dedos se descargaron contra el picaporte oxidado y juguetearon con él cada vez más aprisa. Ahora restallaban con fuerza, aferrándose a la manigueta. Por fin se separó de allí y regresó donde la mujer. Ella nunca levantó la vista del perro en aquel instante. Su respiración era suave y acompasada. Pasó a la tercera uña con la misma quietud, sin preocuparse del viento frío que seguía colándose en ráfagas a través de la ventana.

—¿Qué te traes? Estás desnuda —sus ojos descansaron en la silueta del perro y se hicieron de un verde concentrado. Se agachó y le arrebató la ropa interior. Casi se la sacó del estómago, porque una de las medias estaba a medio digerir, y chorreaba saliva—. Tu maldito perro se come también la ropa interior. Tu ropa interior...

—¿Y qué? —Le rascó una oreja con su blando talón—. Tus padres me conocen bien. Entonces qué importa si me ven así.

—¿Qué rayos te pasa, chica? —y le arrebató la brocha de las manos.— Vete al carajo y vístete ya.

—Por favor, dame mi brocha. Aún no he terminado—dijo la mujer arrellanándose en su butacón. Lo rodó hasta quedar frente a la ventana. El perro se levantó, estiró las patas traseras y se situó en la nueva posición. La voz se proyectó hacia la pared:

—Actúas como un niño idiota. Dámela.

—Párate y toma una copa.

—No me toques. Debo tener cuidado con la pintura. Todavía no se ha secado y puede manchar la habitación. Todo el piso y mis paredes manchados de rojo. Y después habría que deshacerse de todo eso.

El hombre perdió la paciencia, tiró su copa contra una esquina y la sacudió, primero indeciso, y al sentir que el cuerpo de ella no reaccionaba, pateó su butacón. El perro, antes adormecido, paró las orejas y alzó la leonina cabeza. Sus ojos pardos se encontraron con los ojos de gato del hombre. Éste se calmó un poco y retrocedió unos pasos, hasta tocar la pared.

—Te digo que te pares. Necesitas una ducha. Voy a preparar agua caliente. Podemos bañarnos juntos, gatica.

—¡¡No!! Yo lo hago sola —dijo y comenzó a lamerse el cuerpo.

—Maldita loca, siempre le amargas la existencia a la gente normal. Íbamos a celebrar juntos mi promoción, ¿sabes?, porque nos vamos de este barrio de mierda a la gran ciudad, a la zona residencial, donde parece que las estrellas alumbran las calles en la noche. Y no hay perros cochinos que ladren.

—Mentira. Eres un estúpido inepto y nadie te daría ni cinco centavos de propina —empezó a reírse sola, con desgano, y comprendió que no tenía deseos de hacerlo. Odiaba a ese hombre.

—Eres una neurótica, gatica. Pero hoy estoy de buen humor y no voy a discutir contigo. Te juro que nos vamos.

—No, no quiero irme de este cuarto. Me gusta de veras. Es hermoso y tiene mi olor. No quiero que mis cosas lleven el olor de otra gente. Ellas adoran a su mamá.

—Claro que las llevaremos. Te prometo que no dejaré que nadie las toque, y arrancaremos un pedazo de pared, y de piso, y del marco de la ventana para que los tengas de recuerdo. Hablaré con el casero.

—No —respondió mirando hacia la pared.

Sonó el timbre del apartamento. Una silueta se pegó a la puerta y oscureció el cristal con su respiración. El vaho formó un pequeño círculo parecido a un blanco de tiro. El hombre y la mujer callaron y respiraron silenciosamente. La sombra tocó indecisa e hizo ademán de marcharse. De pronto le pareció escuchar un ruido en el interior, como de un frasco al caer, y reanudó las llamadas. El hombre se decidió primero:

—¿Qué busca?

—¿Es el número 14?

—Idiota. ¿No lo ve allá afuera?

—Aquí no dice nada. ¿Ve?

—Claro que no veo, idiota, estoy del otro lado. Aguarde un segundo. — Se paró frente a la mujer y subió las cejas—. ¿Qué pasó con el número?

—Era un mal número y lo arranqué. Ahora no sabrán dónde vivo. Me quedaré.

La sombra decidió irse .

—¿Ya no vas a brindar? ¿Dónde está mi botella de vino?

—No, se me quitaron las ganas de beber. Y entiende que todo lo que hay en este apartamento no es tuyo. No es tu - Yo.

—Cállate. Me vas a matar. —La mujer se retorció los pies. Dejó de acariciar al perro y comenzó a agitarse. Le pisó el rabo y el perro la miró extrañada. Definitivamente ya no podría dormir.

—Me importa poco. Recoge tu basura, porque mañana nos vamos. Es todo lo que tenía que decirte hoy.

Se fue al cuarto y empezó a vaciar las gavetas en una maleta que sacó de debajo de la cama. Luego abrió el escaparate y lo vació enseguida. Había dos o tres camisas y pantalones dentro del mueble. La mayoría eran vestidos o blusas. Hizo un bulto con ellos y los metió a la fuerza en la maleta desbordada. Limpió el cajón de las medias y la ropa interior. Las bolsas de maquillaje, las cajas de los zapatos. Todo lo introdujo en una sola maleta, luego apretó la ropa cuanto pudo y cerró el zíper. Estaba sudando a pesar del frío. Se sintió ridículo. Ella no había hecho nada para detenerlo. Hubiera preferido tener que gritarle en ese momento. Las cosas habían sido demasiado fáciles. Arrastró el maletín a lo largo de la habitación y lo tiró junto al perro.

—Toma. Arréglalo después. —Se aflojó la corbata, tiró el abrigo al sofá y se descalzó sus botas impermeables. Ese día había llovido mucho. Peor que el maldito diluvio de Noé. Se dispuso a ducharse. Encendió el calentador y dejó que el agua fría se mezclara con la caliente. Un vapor comenzó a invadir el espacio entre las cuatro paredes.

—¿A dónde piensas ir?— preguntó ella. Había pasado una hora y seguía pintándose la misma uña. La del centro. La cuenta de los brochazos era infinita. Ella no podía ni lograba determinar cuándo detenerse. El movimiento de su brazo era completamente mecánico. Era el de una palanca que transporta objetos de un lado a otro, siempre de izquierda a derecha, aunque no exista nada para ser cargado. Desde el cuarto de baño, el hombre le contestó que iría a cenar con la familia y no le interesaba si se quedaba en el apartamento o no. De cualquier forma, el apartamento ya había sido realquilado. Mañana vendría la nueva gente.

—Yo no me muevo de aquí. Las cosas se quedarán conmigo aquí en casa. Nosotras estaremos igual de bien sin ti.

—No hables bobadas. Te juro que olvidé lo que nos dijimos hoy, y ayer, y todos estos malditos meses desde que vinimos. Esta crisis de mierda se acabó. Toma, bebe conmigo. —El hombre se acercó a la mujer y le acarició el cuello. Estaba desnudo y mojado. Ella se dejó bajar el camisón hasta la cintura, e inesperadamente salió de su éxtasis. Le quitó las manos, que ya descendían en busca del gastado camino, y volvió a colocarse el camisón en su sitio.

—Déjame en paz. Empínate la botella si te place. A mí nada me importa. Estamos perfectamente bien. ¿No es cierto?— Le preguntó al perro, que escuchaba pensativo. Asintió con un gruñido.

—Ahora mismo te das una ducha a las buenas o te amarro a una silla bajo el grifo del agua y vas a morir de frío aullando como una perra —aun con el rostro iluminado de lleno por un rayo de luz que penetraba, sus ojos seguían siendo de gato, un gato acorralado. A nadie en lo absoluto le interesa que haya un vivo menos respirando el maldito aire sucio que compartimos.

—Quítame tus manos de encima. ¿Podrías cerrarme la ventana?

—¿Para qué?

—Es necesario. Primero baja el cristal.

—Claro que no. Al diablo tú y tus maniáticas costumbres. Hace una hora que te pintas la misma uña en medio del frío y la oscuridad. —Suavizó algo el tono de voz al verla semidesnuda, con el cuerpo blanquísimo iluminado por aquella luz clara. Parecía una diosa de mármol sentada en el medio de ninguna parte. Realmente era hermosa. Le encantaba cómo lucía el rojo en su piel. Comprendió por qué aún tenía fuerzas para hablarle: estaba hipnotizado por aquel color rojo sobre su piel esmaltada—. Anda, hazme caso y aséate. ¿Qué pensará la familia si llegamos así?

—No lo sé. En tu familia de puercos el mal olor pasa inadvertido.

—Me estas colmando la paciencia. Párate, hija de..., por favor. —Ella pareció asustarse un instante y metió el otro pie en la pantufla. Pero sólo un instante. Volvió a recostarse en su enorme butacón de condesa, y sintió un placer delicioso al rascar el lomo de su perro. Era más grato que hacer el amor.

—Algo especial le habrás hecho a tu jefe para ganarte ese puesto. Algo muy especial en tu tiempo libre que te ha agradecido mucho —dijo la mujer a la pared.

—¿Qué diablos quieres decirme? —El hombre se acorraló en una esquina, y lentamente palpó los objetos que yacían ordenados sobre la mesa. Sus dedos se cerraron de pronto. Ya no tuvo conciencia. Sólo veía el movimiento de los labios de la mujer, veía agrandarse su boca, las ondulaciones de reptil que ejecutaba su lengua al pasar rozando los dientes, el silbido casi mudo que producía al soplar las uñas .

—Yo sí he pensado en eso —continuó impasible ella, relamiéndose la boca. El pelo le caía al descuido sobre el rostro, le ocultaba los ojos, la sonrisa a medio terminar aterciopelaba su voz hasta hacerla un susurro adormecedor—. Sólo regresas a casa para ensuciar mi habitación, romper mi orden, tocar mis cosas, usarme. Pero lo que no resisto es que uses mis paredes para completar tu vida.

La mujer retornó a su posición casi fetal, con una pierna sobre la silueta del perro y la otra perdida en la oscuridad. Estaba lloviznando ahora. No se había percatado antes. Las gotas eran agujas finas y caían verticales para clavarse en la piel escamosa de la calle.

—Loca de porquería. Grita, porque quiero que se entere hasta el mismísimo Dios de que eres un pedazo de mierda esquizofrénica. Grita, gata, grita ahora bajo la lluvia.

—Hazlo callar —le dijo la mujer al perro y notó con cierta molestia que la ventana siempre había permanecido abierta.

Durante unos minutos contempló la oscuridad azul de la noche, el silencio de las restantes casas, un gato que bajaba por la escalera de incendios de un edificio, un par de tipos bebiendo a la entrada de la panadería, la calle desierta y exhalando un vapor vaticinador, mas allá la música interminable de los negros del último piso que cubría el universo de aquellas dos manzanas, el dueño de una tienda apagaba las luces en ese momento y colocaba en la puerta el letrero «Cerrado», dos policías doblaban la esquina a pesar de la lluvia, acompañados por sendas prostitutas, y reían y besaban cuanto encontraban en sus cuerpos, las palomas posadas en un alero distante echaron a volar como sobresaltadas por un pequeño gritillo y luego alguien descorchó una botella en alguno de los cubículos restantes del edificio, un niño empezó a llorar y encendieron las luces de la cocina en los altos del mercado, una mujer terminaba de lavar la ropa y la colgaba en el balcón. Primero un pulóver, la saya, dos pantalones, varias camisas y calzoncillos. Todo era ropa de hombre salvo la saya de ella. Casada.

La mujer pensó que ya había visto lo suficiente de la calle y era tiempo de volverse. Por el piso se esparcía una pintura espesa y roja, cada vez más roja y negra, dura, casi una costra imposible de quitar. Adivinó tristemente que había perdido su alfombra. Y a su lado el perro se lamía la boca y las patas, como siempre hacía cuando terminaba de comer.

ADRIANA ZAMORA (Ciudad de La Habana, 1980). Narradora. Miembro de la AHS. Finalista del concurso de cuentos La Gaceta de Cuba 1997.

Una mirada absolutamente irónica del absurdo de la cotidianidad parece marcar la narrativa aún incipiente pero vigorosa de esta muchacha que en ocasiones nos hace sentir un pesimismo apocalíptico respecto a nuestra más cercana realidad. La singularidad de sus creaciones cuentísticas puede encontrarse en una mezcla de la síntesis casi fotográfica del exterior de sus historias con un muestreo fugaz, a flashazos, de pequeñas incisiones practicadas en los rasgos esenciales de la psiquis de sus personajes, a través de un lenguaje cáustico, seco, aunque cargado de una fuerza generalmente negativa, pero siempre humana.

SEGÚN LA TEORÍA DE LAS COLISIONES AFECTIVAS

1

Paloma le grita a Norberto que ya no lo soporta. Norberto le grita a Paloma que es él quien no la soporta más.

Yo estoy sentada en la mesa de la sala y me río histérica. Sé que todo es mentira. Norberto ama a Paloma. Y ella no lo soporta.

La discusión no termina y la casa se va llenando de gente. Vienen todos los amigos de Paloma: Michel, el Ruso, Yami, Mar, Eduardo. Como cada día. Paloma odia a Norberto y odia a todos los amigos porque sabe que vienen a verlo a él también. Norberto odia las discusiones y los amigos odian a Norberto y a Paloma que no hacen más que discutir.

Yo me siento estúpida y me pongo a fregar los platos de hace días. Los amigos se sienten estúpidos y se ponen a bailar florecita rockera tú te lo buscaste. Norberto y Paloma se sienten estúpidos y paran de discutir.

2

Friego todos los días en casa de Paloma, también pego la gorra porque tengo hambre. Alicia se pone brava conmigo porque siempre tengo hambre y se pone contenta porque siempre friego. Alicia no soporta florecita rockera tú te lo buscaste, no soporta a Norberto y tampoco a los amigos.

Paloma le grita a Alicia que vaya a buscar las calabazas. Alicia le grita a Paloma que vaya ella a buscar las calabazas.

Yo estoy sentada en la mesa de la sala y me río histérica. Norberto coge la jaba y el dinero y se va a comprar las calabazas. Paloma y Alicia se sienten estúpidas y dejan de discutir. Yo me siento estúpida y voy a fregar los platos de hace días.

3

Yami me cuenta que Norberto es lindo y que ella lo quiere mucho.

Yo me alegro de que Norberto sea lindo y de que Yami lo quiera mucho. Con él se puede hablar, me dice. Hemos estado hablando cantidad.

Norberto hace poco me dijo lo mismo de Yami. Paloma me huele a quemado. Ella también se huele, pero no le importa.

Paloma está sola, escogiendo arroz. Nos dice que Alicia botó a Norberto de la casa porque Norberto es feo y con él no se puede hablar. Yami se siente estúpida y trata de decir algo que tenga sentido. Yo me siento estúpida. Me pongo a fregar.

4

Michel discute con Eduardo y le dice que es un imbécil. Yo me quedo callada. El Ruso se ríe. Eduardo no tiene argumentos para defenderse, se pone verde de la impotencia. Michel nos demuestra a todos que Eduardo es un estúpido y él mismo es un abusador y prepotente. El Ruso se ríe. Paloma se ríe. Norberto y yo nos quedamos serios. Eduardo se queda verde.

5

Esta historia podría terminar así:

Norberto y Yami se descubren mutuamente y son muy felices. Paloma, a su vez, se da cuenta de que yo soy el amor de su vida y que me necesita porque, sin mí, ésta sería muy sucia. ¿Quién va a fregar? Michel se disculpa con Eduardo y le dice que es muy inteligente y que él mismo no volverá a ser prepotente y abusador porque quiere conquistarlo de una vez. El Ruso decide no volverse a reír en su vida. Alicia, desbordante de amor, ama de repente a Paloma, a Norberto y Yami, a mí y a todos los amigos. Entonces pasan los créditos y un cartelito rosado que dice:

THE END

Tal vez sería éste el final:

Norberto decide no volver nunca más a Paloma y mucho menos a la odiosa de Alicia que tanto lo detesta. Paloma, lavando la ropa, me pide de favor que friegue porque no tiene tiempo para todas las cosas de la casa. Alicia se siente tan feliz de que yo siga fregando, de que Norberto no vaya a su casa y, encima de eso, de que los amigos no aparezcan por ninguna parte, que se hincha como un sapo y revienta. Todo termina en una fiesta sorpresa en casa de Paloma, decorada con las hermosas vísceras de Alicia en las paredes y el techo. Todos somos muy felices.

El verdadero final es tan cursi como el primero y tan horrible como el segundo, incluso más. Así que decido no contarlo porque me deprime. No lo cuento.

AGNIEZKA JOSEVNA HERNÁNDEZ (Pinar del Río, 1977). Narradora. Sus premios más importantes han sido en eventos convocados por la FEEM, la Facultad de Ciencias Médicas y los talleres literarios.

En su libro *Del juego, la inocencia*, presentado a la cuarta edición del concurso Pinos Nuevos, esta joven narradora hace gala de una gracia singular a la hora de lanzar propuestas formales mediante la combinación de partes de la historia con una especie de magia lúdicra que sostiene la estructura de la mayoría de sus piezas narrativas. Pese a su juventud y escasa actuación en los predios del cuento, es poseedora de una economía de recursos y un sentido de la ilación de la historia narrada que resulta agradable para la lectura y fresca (en todas las acepciones posibles de la palabra).

LA ISABEL

Cuando se encontraron en el restorán, al principio no lo reconoció. Siguió a la casualidad un poco de vergüenza «mira, mi esposo —¿qué tal?» — mi esposa «mucho gusto» y estos son mis dos niñitos. Él miró a la niña varias veces, alternando con las losas del piso, que eran claras y nuevas.

El juego lo trajo la hija de Eladio el carpintero. Habían vivido muchos años en el campo y la pelirroja era muy ducha en eso de esconderse entre las matas y recovecos, *el juego se llama la Isabel, nos tomamos las manos y hacemos una rueda alrededor de uno de nosotros que tendrá los ojos vendados en el centro de la rueda y antes de que acabe la canción una de las niñas debe esconderse y el de los ojos vendados tendrá que adivinar cuál se ha escondido.*

Un día estaba jugando
Al juego de la Isabel

Apenas empezó la canción ya todas las niñas, excepto la de los ojos vendados, sabían quién saldría de la rueda. Tenía que ser una poco notable —hasta los niños saben entre sí cuál de ellos es el más insignificante, el tímido, el que no aporta—, los niños son muy hábiles en eso. Y sin haber interferido en la decisión, casi empujada, salió Ana del círculo y sin saber dónde esconderse ni cuándo salir.

Un día estaba jugando
Al juego de la Isabel

Joaquín, desde algunos días atrás, sufría cierto conflicto, la voz ronca y la cara con dos granos a punto de estallar. Los otros niños, flacuchos, le gritaban que pronto sería un abuelo y fingían estar roncos.

Cuando Ana se escondió detrás de la pared del viejo almacén, a él se le puso la cara encendida y su mano derecha quedó muy quieta.

—¿Estaré bien escondida aquí?

—No debías meterte en este lugar sola.

Más calmado, se sentó en un pedazo duro; ella le pidió que se asomara y viera si la estaban buscando. *Sí, la chiquita que vive en la cuadra del frente del parquecito es la que parece buscar algo no salgas se te ven los pies No, Ana no está por aquí – gesticuló un poco – ya se fue la chiquita.*

Cuando Joaquín se viró, vio las delgadas piernas abiertas y no pudo evitar un escalofrío que le subió desde los tobillos *yo me asomaré y te diré cuándo puedes salir, ten mucho cuidado, es mejor que salgas.*

El juego llegó a ser popular en el barrio.

Un día estaba jugando
Al juego de la Isabel

Ana hizo señas a las demás niñas para comunicarles que se escondería una vez más. Le contestaron que no, de tanto esconderse era muy fácil para la que tenía los ojos vendados saber que ella faltaba.

Viene un hombre y se la lleva
Pobrecita la Isabel

Joaquín la vio venir y dejó de mirar a las muchachas por entre los bloques de cemento. Se tendió sobre unas cajas de cartón que había desarmado. Ana se acostó encima de él, que enseguida la tiró sobre los cartones, *te he dicho que nunca puedes estar sobre mí porque eso es inmoral, yo soy el hombre tú vas abajo y que no se te olvide* y ella misma levantó la batica de cancán para que Joaquín viera algo muy semejante a dos chinatas que hacía la piel más oscura en esa zona. Tocó, acercó los labios y le llegó un olor muy suave a colonia que era más fuerte cerca del cuello.

Una niña se ha ido
Mira a ver quién será

Le dijo de carretilla *linda/ tus senos abundantes/ tus caderas anchas y tus labios con carmín,* mientras se contraía en un espasmo casi doloroso.

Si adivinas el nombre
Un aplauso tendrás

Ana salió de su escondite con los mechones lacios sobre la frente sudada, temblando.

—¿Te espero mañana? Pero no lo cuentes a nadie o te castigo; delante de los demás, como si no pasara nada.

Ana recordaba cada beso en el almacén. Cuando le enseñó que faltaba un poco para cambiar la lanita por vellos. Hoy había tocado más, cerca del pubis, y le dijo que aprendiera *no me gustan las mujeres bobas, tienes que hacer como si tuvieras una muñeca, la vistes y la desvistes, la vistes y la desvistes, la vistes y la desvistes, la vistes y la desvistes,* pero cuando él soltaba la mano y ella lo hacía sola no era igual, se perdía la cadencia del movimiento. La dejó sentarse un rato sobre sus piernas, luego empezó a crecer y la hizo salir a empujones, que vaya a jugar con las demás niñas y no dijera nada, seguir como si no pasara nada.

Un día estaba jugando
al juego de la Isabel
viene un hombre y se la lleva
pobrecita la Isabel
una niña se ha ido

Se deshizo la rueda y la pelirroja supo que faltaba Ana, demasiado fácil adivinar quién se escondía, lo difícil era saber dónde. Se aburrieron de llamarla y jugaron a las muñecas.

Esperó un poco más dentro del escondite y se quitó la batica rosada para esperarlo tendida en los cartones, los corrió de lugar cuando el sol de las doce le llegó a los ojos. Buscó a Joaquín por todo el almacén y después de unas horas salió llorosa, con la batica abierta en la espalda porque nunca lo había hecho sola, él hacía este trabajo y le sacudía el polvo y alineaba en la frente sus mechones. Casi oscurecía cuando se dignó a salir del almacén, sintió la risa de Joaquín mezclada con la de una mujer, se quedó a ver las sombras que en la pared dibujaban unos pechos grandes *tetona* encima de él que casi gritaba de carretilla *linda, tus senos abundantes, tus caderas anchas, tus labios con carmín.*

Muchos atardeceres fue a espiarlo. Tenía fama de hombrecito entre las niñas del barrio que ahora se disputaban su preferencia en el portón de la secundaria y luego lo acompañaban al almacén.

Un día estaba jugando
Al juego de la Isabel

Ana pidió ser la próxima en esconderse. Una vez más era difícil adivinar quién se escondía, llevaba días sin salir de la rueda, lo había visto rondando el almacén unos minutos atrás. No reprochó a Julián las cosas vistas y le pidió zafara la batica azul. Joaquín sacó de una caja gris una muñeca rubia de mechones lacios sobre la frente y se la puso en los muslos *tranquilita te vas ahora mira qué bueno soy contigo vete, que estoy esperando a alguien, vete, chiquilla mocosa.*

A Joaquín no le dijeron que la muñeca pasó toda la madrugada, ahorcada, en la tendedera del patio, sin los pantaloncitos. Había salido del barrio detrás de una mujer casada esa misma noche.

Las losas del piso eran claras y nuevas. Las miró para disimular que observaba con cariño a sus niños; para relajar el ambiente le dijo al esposo de Ana que tenía la mujer más linda del mundo, la de los pechos más bellos y las caderas más sensuales, que ahora sí era toda una mujer. *¡Si no fueses mi hermana, Anita! ¿Y ustedes? ¿No conocen a su tío?*

AYMARA AYMERICH CARRASCO (Ciudad de La Habana, 1976). Narradora y poeta. Miembro de la AHS. Mención del concurso de cuento Revolución y Cultura, finalista del concurso de cuento La Gaceta de Cuba y premio Calendario de la Asociación Hermanos Saíz, todos en 1998.

Poseedora de un lenguaje voluptuoso, vital, casi perfeccionista en la búsqueda de la sonoridad de la frase, así como por la exactitud de lo que comunica/muestra/pinta, Aymara acude a situaciones donde el existencialismo más crudo, terrible, sádico en ocasiones, coloca en la balanza conceptos básicos para la realización humana en un mundo literalmente oscuro, sombrío, desesperanzador. Sus atmósferas resultan cargadas, asfixiantes, literarias y permeadas, ampliadas, solidificadas, complejizadas por situaciones conexas, personajes, lugares y sucesos que adquieren, gracias a su pericia, categoría de símbolo literario: recurso al que ha de prestarse obligada y cuidadosa atención si se pretende alcanzar algo de la multiplicidad de lecturas y connotaciones que sus cuentos ofrecen.

FEROMONAS

Miss McDillan aguarda una cabeza de lobo frenético con ojos de tormenta y fauces de volcán, tensa cada vez más su cuerda... La pulsa segregando adrenalina como si la génesis del lobo solitario fuera succionar la breve llama de una vela hasta que inflame al mundo y lo incendie. Reposa sus frías nalgas de magma ardiente en los mármoles auténticos del Central Park, y seduce a sus venas con trozos de mica pagana. Cuando el sol huye hacia el centro del letargo como un cachorro con fobia a la subasta, ella sólo espera el pago a todas sus plegarias.

Los ojos no son ya los de la dulce Miss McDillan, que viaja a través de satélites y páginas web en primera clase, con todas las ventajas occidentales en su bolso de cosméticos, maquillando a Europa. Ahora Miss McDillan tiene unas pupilas babeadas y filosas, y la boca amplia como el Central Park. Siente toda la geografía de su cuerpo, y cada célula le anuncia a gritos su presencia. Sueña con gorgojos que caminen por su pubis hasta rendirle el aliento, mas no recuerda dónde encontró esa fantasía, y desea tanto que aquello húmedo bajo la falda sea scotch, el mejor de todos, o si no, Don Perignon... ¡Champán y fresas junto a Mr John!, que posee en su cuerpo una tropa de insectos exóticos, tropicales...

Su primera presa ha llegado ya, se trata de otro adolescente que le apuñala las tetas con la vista a pesar de que el sendero hacia su llaga no puede estar más accesible. Piensa, con bastante dificultad, que los jovencitos siempre reparan en los senos, y desvía nuevamente su atención hacia aquel niño con sombra de bigotes, que ha eyaculado entre el rubor y la maroma vegetal. No pudo disfrutar nada esta vez y se frustra un poco. Ya es de noche y a esta hora pudieran haberla violado en varias ocasiones, mas le molestan tanto las tantas farolas del Central Park. Sus ojos no pueden detenerse en punto fijo del espacio, pero el índice de su diestra coquetea con el clítoris cuando pasa un señor muy elegante con pasos lentos que la observa con lujuria. Finalmente se pierde para reaparecer a los minutos, caminando igual, despacio y animal, hasta que Miss McDillan no vuelve a verle. Ya se habrá masturbado por ahí. Y le repugna el hipócrita pudor de esos pingüinos neoyorquinos.

Sin apenas percatarse lame el índice de su diestra y el paladar le retorna el sabor de los agrios insectos de Mr John, quizás el morbo fluye directamente de su colección de objetos personales de Travolta durante la filmación de *Pulp Fiction*, ese ser del que emanan los gorgojos y las ebrias soledades de su violencia agazapada.

Otra vez los dedos arpegian el lucro jugoso de sus piernas, sólo que ahora está a punto de confirmarle al Central Park su mutua conexión, su majestuosa libido retozando entre la brisa fresca y la maleza mojada. El Central Park es el oscuro tapiz donde tal vez la acecha Mr John con colmillos agudísimos para tornarla en vampira fiel de su esperma. Mas no la espía Mr John.

La señorita McDillan siente unos dientes que le abrazan poderosamente el sexo, y advierte que no es Mr John, pero no consigue estancar el retazo de soplo y garganta que emana por sus poros la vida misma. Luego alza los párpados y distingue alejarse al pingüino de rapiña. En pleno marzo ya es verano en la piel de Miss McDillan.

Después de balancearse al compás de sus latidos, Miss McDillan, heredera de una complaciente abuela multimillonaria, se detiene junto a su adorado Lamborghini y conduce por 5th Avenue a noventa millas, abriendo la puerta de su propiedad horizontal a la misma velocidad, desnudándose frente al espejo y saboreando sus preciosos treinta años. Miss McDillan baila una danza cenital seducida por las alucinaciones de Jim Morrison y las suyas muy privadas. Vuelve a masturbarse derramando scotch, el mejor de todos, en las mejillas de su vulva y grita al forcejear con su orgasmo ¡Dolmancé, Dolmancé! Todo se apaga de repente y llora por el arpón de la soledad que le atraviesa la nuca desde su más tierna infancia, hasta que se duerme con mucha paz, acurrucada entre casas de muñecas, lazos y repostería fina.

Tres horas de sueño son suficientes para retornar a su oficina de cincuenta metros cuadrados en la UNICEF, y ser una vez más la delicada e impenetrable Miss McDillan, luchando contra madres asiáticas que prostituyen a sus hijos por centavos. Ella no puede comprenderlo, se desdicha, recuerda algo de la noche anterior y esto le devuelve el resuello a sus pupilas felinas. Ella, la mujer más común, que derrumba hombres a su paso, como cualquier ejecutivo, tiene un romance discreto y turbulento con su secretaria. Se citan en clubes solitarios a beber champán... ¡Champán y fresas junto a Mr John y sus insectos amargos! Entonces comprende que su fantasía no existió con Travolta, ni con su frívola colección de objetos personales, y que el Central Park y Mr John son el ombligo de su sexo.

Intenta pedirle a Mr John que funde un nido cálido y duradero en el jacuzzi de su piso, pero este es una simple secretaria, que no puede atenderla esta semana después de la jornada laboral. Por eso Miss McDillan recoge todos sus papeles a las seis y treinta de la tarde, dejando a las madres asiáticas en el sitio común de cada día, con fe en que mañana prostituyan a sus hijos para continuar siendo un alma caritativa con un sueldo decoroso, darse el lujo de no entenderlas, desdicharse, y partir luego en su impecable Lamborghini buscando a Mr John, o buscándose ella misma en el Central Park.

Miss McDillan aguarda una cabeza de lobo frenético con ojos de tormenta y fauces de volcán, tensa cada vez más su cuerda... La pulsa segregando adrenalina como si la génesis del lobo solitario fuera succionar la breve llama de una vela hasta que inflame al mundo y lo incendie. Reposa sus frías nalgas de magma ardiente en los mármoles sintéticos del Central Park, y seduce a sus venas con trozos de mica pagana. Cuando el sol huye hacia el centro del letargo como un cachorro con fobia a la subasta, ella sólo espera el pago a todas sus plegarias.

ADRIANA NORMAND (Berlín, 1976). Narradora. Integrante del taller de formación literaria «Onelio Jorge Cardoso», de la Asociación de Escritores de la UNEAC.

La de-construcción de la realidad a partir de una mirada crítica, a veces burlona, a veces fría, a veces aparentemente ingenua, de la cotidianidad y la modernidad, la conformación de los personajes mediante un sistema en el cual el narrador da por supuesto que el lector (copartícipe en la historia) conoce bien y de antemano a cada uno de sus protagonistas, y una estructura ágil que fluye naturalmente en la búsqueda de la precipitación del conflicto, son el signo de madurez temprana que ya muestra la obra de esta narradora.

LA MADRE MUERTA, MIGUEL, SU MUJER Y SU AMANTE

Homenaje a Peter Greenaway

PRÓLOGO

Cuando Ana le confesó que lo estaba engañando con otro desde hacía varias semanas, Miguel sólo pudo sonreír con ironía y marcharse de casa a pasear por la ciudad. En realidad la noticia no le sorprendió mucho; más bien lo venía sospechando. Su mayor asombro radicaba en la seguridad (casi completa) de haber nacido para ser el hazmerreír de los demás.

PRIMERA PARTE

Su relación había surgido en plenos noventa, en VÍSPERAS del esperado año 2000, cuyo advenimiento fue finalmente recibido sin penas ni glorias, cual si no hubiera sido tan renombrado ni profetizado.

La conoció un 13 de junio, y por ingenuidad no se percató: un día 13 no es buena recomendación para nadie por muy angelical que pueda lucir.

Él tenía entonces veintisiete años, se hallaba transitando por el período de indefiniciones atravesado por todo miembro de su familia (en esa justa edad) desde hacía dos siglos, cuando un tío lejano llamado José Jacinto había decidido quedarse mudo ante la vida por pura venganza.

En realidad nunca logró lo que aquél, pues su mal estuvo dado por un afán pecaminoso por HABLAR, «decirlo todo», hasta lo más odiado, lo nunca pensado, lo escondido como secreto, aquello que los otros esperaban escuchar o simplemente lo que jamás deseaban saber.

Su desamparo era tan grande que no le permitía oír más allá de sus propias palabras, que lo acompañaban en sus noches de soledad, soportándose unas a otras sólo por complacerlo.

Cierta vez descubrió ante el espejo síntomas de adelgazamiento demasiado recrudecido, y recordó la ausencia de comida desde hacía cuatro días.

Esa última ocasión en que tomó alimento fue cuando uno de los pocos amigos que conversaba (el resto los perdió lentamente gracias a su rara dolencia: el mero parloteo) lo había invitado a almorzar para discutir un asunto relacionado con su persona. Como era de esperar, Miguel estuvo hablando todo el mediodía, y el amigo no pudo proferir palabra alguna. De esa forma también tuvo que contestarse sus propios parlamentos, mientras el otro asentía confirmando su idea macabra: Miguel estaba enloqueciendo (o ya era «loco de remate» desde hacía mucho y no lo había notado hasta ese entonces).

Pues bien, aquella mañana ante el espejo decidió acabar de una vez con «el suplicio atormentador», comprendiendo que si seguía a ese paso iba a morir de inanición o incomprensión. Aún faltaban seis meses para su cumpleaños veintiocho.

Parloteando frente a su imagen terminó de peinarse, y tijera en mano se dispuso a eliminar el apéndice que tantas molestias le causaba (la lengua), cuando creyó escuchar (quién sabe cómo) su nombre vociferado desde la acera. Suspendió momentáneamente su tarea y se dirigió hacia la puerta de su casa, donde encontró sin más explicación un sobre cerrado destinado a él.

Era miércoles, 12 de junio.

SEGUNDA PARTE

El jueves, Miguel madrugó. La noche anterior había dormido tan a gusto que apenas recordaba la conversación sostenida entre sueños con su difunta madre, quien solía aparecérsele para no obligarlo a «monologar». Su dicha era ¡tan profunda! Esa tarde conocería a alguien padeciente de un mal similar al suyo, con ansias de hallar un ser común para consolarse juntos. La carta recibida era la presentación de aquella mujer, recomendada por su amigo, quien sufría del dolor de las letras; escribía sin descanso así como Miguel no paraba de hablar.

Ella pensó que tal vez entre los dos podrían comunicarse; sería el cerebro de él quien haría de lengua. Nadie había querido nunca leer sus largas páginas, tal como nadie deseaba tampoco escuchar los largos parlamentos de Miguel; el amigo de ambos pensó que podían pasarla juntos mientras durase el sufrimiento (o sea: sus neurosis comunicacionales).

Esa mañana el joven no conversó como de costumbre, sino que no paraba de cantar, cosa que al menos le permitía su mal.

Al llegar a la dirección indicada tardó un poco en descubrir un letrero amarillo delante de la puerta. Hablando consigo mismo (como siempre), Miguel leyó en voz alta su contenido, y acabó de confirmar la fabulosa idea tenida por el amigo al unirlo a este ser.

PAPEL AMARILLO MARCADO POR LETRAS IMPRESAS CON TINTA NEGRA, TIPOGRAFÍA A LA MANERA DE UNA REMINGTON:

«¡Hola, Miguel! Bienvenido a mi casa. Te invito a pasar adentro. Como verás no puedo abrirte yo misma, estoy escribiendo. Pero si sigues el compás de la máquina podrás encontrarme detrás de ella. Me alegro mucho de tener al fin a quién escribirle, y te agradezco por haber aceptado. Ana».

Cuando Miguel la tuvo frente a él no pudo reprimir la exclamación de júbilo, era la mujer más bella que había visto en su vida (o en verdad no lo era, pero así lo sintió). Se acercó despacio para no hacerse notar. Al llegar a su lado se encontró con unos ojos aceitunados que le pedían mirase el recién nacido texto.

En éste le decía algo: también ella lo había encontrado bello (aunque no dijera, como él, que era el hombre más bello que había visto en su vida; sí, lo encontraba bello).

Aquella tarde fue deliciosa, y la noche, la madrugada y el día siguiente. Decidieron entonces mudarse juntos, la prueba había dado resultado; mientras ella escribía, él releía a viva voz sus páginas acabadas de tatuar por la tinta. Si no, él dictaba sus parlamentos, que ella recogía y hacía suyos transcribiéndolos al papel. Así se turnaban diariamente, y era tan dulce sentirse comprendidos que no pudieron resistirse ante el encanto de tenerse el uno al otro.

TERCERA PARTE

Se casaron en julio 21. Hubo que traer a un notario a casa de Ana, donde estaban viviendo porque la muchacha no podía salir de allí por su «padecimiento». En cambio, entre los dos habían logrado que ella pudiera moverse con cierta destreza; estaba escribiendo a mano desde hacía varios días, y aunque era un poco agotador le facilitaba poder comer con la otra mano, asearse en el cuarto de baño y no sentada y, por supuesto, dormir en una cama, cosa que no hacía desde mucho tiempo atrás (al comienzo de su tortura). El abogado se sintió un tanto molesto, no se casa todos los días a personas tan especiales; además, los testigos del matrimonio fueron el amigo propiciante de la unión, una prima gorda de Ana que tenía unos doce años, un vecino sordísimo y la madre muerta de Miguel.

Naturalmente, al principio quiso negarse a efectuar «semejante boda»; los novios eran «UN CASO», los testigos no estaban legales por completo, y para colmo, el ruido de Miguel hablando y el de Ana garabateando sus papeles eran bastante insoportables. En un final accedió por una no tan pequeña suma de dinero y la promesa irrevocable de que si decidían divorciarse no lo llamarían a él.

La fiesta fue también peculiar, la madre de Miguel no dejaba de llorar, el vecino sordo (quien al parecer tampoco veía bien) se dedicaba a consolarla haciéndole la corte, la primita de Ana se entretuvo comiéndose todo el cake de arriba de la mesa (no en balde pesaba ya doscientas cinco libras), y el amigo común se marchó temprano, pues al igual que al letrado le dolía un poco la cabeza. A eso de las dos de la madrugada, Ana y Miguel lograron hacer marcharse a todos. La suegra de ésta (léase La madre muerta) tenía tal borrachera que el vecino hubo de acompañarla a su morada en la Necrópolis de Colón, porque ella no podía moverse sola (por cierto, después de esto formalizaron una relación que ha durado «toda una eternidad»). A la primita la llevó el pobre Miguel en brazos hasta la casa de su padre (de quien había heredado la tan ilustre tradición de sobrepasar, por vía natural, las doscientas libras).

«AL FIN SOLOS», escribió Ana cuando Miguel regresó de su «pesada empresa», y tuvo que hacer grandes esfuerzos para cuidar su lenguaje cuando éste, ardiente de deseo, le hizo el amor sin importarle que todo el barrio estuviera escuchando sus obscenidades gritadas cada vez que llegaban al clímax.

CUARTA PARTE

Pasó un mes completo, los vecinos se quejaban de semejante escandalosa relación, tuvieron que inventarse un lenguaje sólo de ellos dos para poder poseerse (templarse a riendas sueltas) sin ser requeridos. Así se hablaron en clave morse, en esperanto, en latín, en hebreo, en griego antiguo.

Cada noche de amor (de puro desparpajo) era el estreno de una nueva forma de decirse que se amaban. Para ella nada había más placentero que oírlo murmurando o gritando su satisfacción y para él lo más bello era el modo elegido por Ana para describir con palabras exactas su mejor orgasmo.

EJEMPLOS:

1. Hay orgasmos, Miguel, que me regresan a la niñez con la misma dulzura de un recuerdo. Mi placer va ascendiendo como el vagón rosado, mi preferido de la MONTAÑA RUSA. Y sube mientras lubrico, sube y lubrico aún más, sube, sube, sube, llega a la cima y ¡PAF!, se precipita al vacío junto con mi respiración vaginal.

2. Otros son más domésticos, más rápidos y ardientes, tal cual un JARRO DE LECHE PUESTO AL FUEGO. El líquido se calienta, así pasa a mis entrañas, se calienta tanto que hierve burbujeando con más, más, más rapidez hasta derramarse embadurnando con su forma blanquecina todo su reservorio y los alrededores.

3. Y bueno, están los que literalmente podrían definirse con la tautología lingüística perfecta:

ORGASMO

Pero llegó diciembre y con él los anunciados «veintiocho de Miguel». La noche anterior la habían pasado bebiendo sidra (El Gaitero, la más barata) para celebrar la vuelta a la normalidad del joven. Miguel dijo entonces (entre otras tantas cosas acompañadas de hipos y eructos levísimos) lo siguiente: «Eh, umh, ¿tú sabes?, la sidra se hizo para beberse en pareja, si se bebe solo no es igual, vaya, no es disfrutable». Ana asintió con las letras «S» e «I», y terminaron exhaustos y borrachos saboreando un alemán recién aprendido. (¿Alemán?).

Al abrir los ojos en la mañana, ella descubrió que él no estaba a su lado contándole su sueño como de costumbre, sino que pudo verlo ante la ventana observando en silencio el exterior. «¿Qué estás haciendo? ¿Contemplas el amanecer?» «Sí», respondió Miguel lacónicamente y no dejó de mirar afuera para escuchar lo que ella le decía, o mejor ya saben, para leer lo que ella le escribía.

QUINTA PARTE

Pasaron tres años, siete meses y veintiún días durante los cuales las cosas empeoraron. Ana no se curó. Miguel nunca volvió a ser el mismo. Ya ni siquiera tenía tiempo para dedicarle a ella. Tampoco para atender a su madre (LA MUERTA), quien venía con el sordo a hacerles la visita todos los días (con sus noches). La única esperanza habría sido poder tener UN HIJO (argumento entendido en muchas ocasiones como la «tabla de salvación» de los matrimonios en crisis, al borde del abismo), mas todos esos años que Ana había pasado en su silla escribiendo la habían dejado inutilizada para concebir.

Miguel retornó a su trabajo en cuanto estuvo sano (era músico), y se pasaba las horas componiendo o tocando su violín sin escuchar el reclamo lastimoso de las teclas de Ana. Estaba disfrutando su silencio, su soledad, le agradaba oír su propio mutismo. Y ya no se molestaba en mirarla cuando hacía grandes esfuerzos para desnudarse sin dejar de escribir. ¡Coño! A ver si con eso podía conquistarlo nuevamente.

Él solía tener pesadillas en las que se veía hablando sin parar (como antes) y despertaba envuelto en una gruesa capa de sudor, para luego quedarse dormido sin hacer comentarios con aquella que compartía su lecho.

Una noche, en un hermoso parque donde gustaba sentarse a disfrutar del lenguaje de las aves, decidió no ir a dormir a casa. Se acomodó en su banco y tuvo así el sueño más feliz de su vida: no volver a hablar jamás.

Se mudó al día siguiente de habitación, evitando de esa manera la presencia de Ana. Ya ella le molestaba. Sólo de vez en cuando se detenía ante su puerta para oírla moldear sus letras entre lágrimas y gemidos.

EPÍLOGO

Así que cuando Ana le dijo de su engaño, no lo sorprendió; quizás le desagradó un poco el que ella hubiera logrado independizarse (algo) de él, «detalle» que en ningún modo alimentaba su EGO.

Pero lo que sí no le gustó ni un tanto fue regresar a casa ese día y escuchar unos gritos espantosos provenientes del aposento de su mujer.

Detuvo sus pasos en medio de la sala, desde donde podía fisgonear (como un *voyeur* afrancesado, un coyote de ventanas, un rascabuchador habanero, un vulgar mirahuecos) a su Ana, sangrante aún por la reciente mutilación, con los muñones que conformaban ahora las terminaciones de sus brazos, los ñonguitos chorreantes de tan rojizo plasma, apretando hacía sí la espalda y las nalgas cubiertas por la clásica bata (antaño blanca, al presente rojísima) con la que se vestía habitualmente el tan repugnante carnicero de la esquina (Unidad Modelo: LA MERECEDORA).

Mientras, paralelo al adulterio y cual parodia bíblica, véase además LA SANTA BIBLIA, Daniel 5:5, dos solitarias manos femeninas garabateaban, quién sabe con qué tinte rojo, sobre la blanquísima pared:

«¡AY! ME VENGO, ME VENGO

me vine».

YANIA SUÁREZ CALLEYRO (Ciudad de La Habana, 1975). Narradora. Miembro de la AHS. Ha obtenido premios en los encuentros de talleres literarios a nivel municipal y provincial en 1996 y 1998.

Sus piezas más logradas muestran una rara combinación del empleo de los personajes-símbolos, un lenguaje ora naturalista, ora sensualista, ora cinematográfico y una cierta truculencia envolvente que pretende crear atmósferas cargadas, ambientes enrarecidos por la propia duda, incertidumbres, miedos y desesperanzas de los protagonistas de sus historias. Amante de las historias cortas, pero cargadas de significados a deducir por el lector mediante claves que va dejando en la ruta de sus personajes, Yania unifica en casi todos sus cuentos el pensamiento narrativo propio del género con ciertas intromisiones, a veces muy marcadas pero por suerte válidas, llegadas desde el territorio de la poesía, que también cultiva.

ATARAXIA

Una muchacha que no se ha observado bien aparece sin forma. Lo primero que no reconoce es la membrana amarilla que se interpone como filtro entre su mirada y las cosas, logrando en todo el aspecto de una fotografía gastada. Apareció en una de esas calles que simulan conducir a un solo lugar. Lo segundo que no reconoció fue que tiempo atrás había sufrido el peor de los acontecimientos. Sólo distinguía un hecho minúsculo: veía a Mauricio en el cementerio aspirando cigarrillos y horas por su ausencia.

El camino se propagaba en línea recta. Raquel debía ejecutarlo hasta encontrar la eclosión de flores que precede a la necrópolis, y un poco más adelante a Mauricio y el silencio.

Raquel comenzó a desplazarse.

II

El Enano descansaría mientras ellos poblaban la habitación. Mauricio conservó la llave, bajo promesa de atender la casa durante las sucesivas ausencias del otro. El Enano descansaría limitando sobre la cama el espacio de un niño, a pesar de que todo lo diferenciaba: el cabello sin rasurar en la nuca, las extremidades arqueadas, aquella protuberancia debajo del tabique.

Ellos debían procurar que el vaso estuviera sobre la mesa... El Enano ejercía la propiedad del vaso como si representara el Santo Grial o como si él mismo constituyera un lejano guardián del depósito. El vaso sobre la mesa , medianamente lleno, con capacidad para el polvo que vertería Raquel. Un polvo imperceptible. El Enano continuaría dormido. Mauricio iba a ocuparse de velarlo. Luego el vaso fingiría quietud, como si nadie hubiera incurrido en el cuidado de devolverlo a su lugar.

Ellos cerrarían la puerta a sus espaldas, antes de que el otro cobrara lentamente la realidad y fuera a calmar su última sed en el recipiente.

III

Raquel conjeturó que avanzaba con la mente, sin esfuerzo. En la calle aparecían personas con evidente similitud, y se trasladaba entre ellas persiguiendo una línea horizontal. No conservaba sensaciones, pero por su propia velocidad imaginó que iba a estrellarse contra aquella fuga de camisas, cinturones que seguían de largo, vestidos que ella observaba como quien viaja en el ojo de un insecto.

Mauricio esperaba en el cementerio. La penúltima cuadra retrocedía.

Raquel continuó avanzando y tuvo la sospecha de un estorbo; notó que ese mismo estorbo se consumía para transformarse en la imagen del Enano, en su tutela sobre Mauricio, en esa voz que era aprendida por Mauricio como la voz del grillo moralista.

Reflexionaba despacio, los recuerdos venían a ella con voluntad propia. Por ejemplo, el día del anillo en la mano derecha, la luna de miel. Allí tuvo ilusiones de soledad, pero Mauricio había acudido a la obediencia de confiar sus secretos al Enano, y como una réplica ornamental los recibió el semihombre en la entrada del hotel.

Raquel se detuvo, no abruptamente; se detuvo como si sobre ella actuara una fuerza similar a la inercia.

IV

Raquel medía sus pausas. Explicaba y continuamente volvía sobre los mismos puntos. Mauricio permanecía de pie con expresión de quien evalúa, recorría con la mirada su habitación. Raquel murmuraba. En ocasiones él se veía obligado a ladear la cabeza para escucharla —a pesar de que ya conocía el discurso de su esposa, perseguía cada gesto de ella como pretendiendo memorizarlos.

Por fin Raquel espera. Él camina entonces como arrepentido. Ella reanuda el siseo: consistirá en un esfuerzo mental. Mauricio debe hacer una inspección minuciosa de cada recuerdo donde aparezca el Enano. Luego, detalladamente, intentará reconstruirlos, pero sin la participación del otro.

Mauricio camina. Escoge unos papeles y parece que revisa algo, pero no es así, porque Raquel ya pudo detectar que los papeles están vacíos. Raquel espera. Raquel: la muerte del Enano sobrevendrá como una consecuencia lógica. El cementerio representaba el punto medio entre su casa y la del Enano.

Mauricio se acerca a ella, y antes de contestar recuerda la primera entrevista con el Estorbo, y después todas sus visitas y apegos.

V

Ahora el cementerio estaba allí, en la otra orilla de la calle. Probablemente Mauricio daba paseos en torno a la primera tumba con bancos. Raquel se dispuso a cruzar y en seguida se arrepintió de esa idea. Giró a la izquierda, pensó en una última precaución y corrigió rumbo hacia la casa del Enano : alguien debía cerciorarse de que efectivamente se encontraba allí, dormido, limitando sobre la cama el espacio de un niño.

Viajó sin memorias. No contaba con un plan para separar al otro de su cotidianidad. Pero cuando regresara adonde Mauricio, con la conciencia del Enano reposando sobre la cama, faltaría poco por cumplir. Quedaría volver acompañada por su esposo a la habitación del Enano para dar el golpe definitivo.

Después, unos días más tarde, sólo deberían contemporizar con la gravedad que acompaña en horas laborales al policía a cargo de la investigación; despedirlo en la misma casa del difunto insinuando «que no demoren en resolver el caso». Purificar la loza. Fabricar, entonces, el alimento sin ocultarlo —ahora— del dueño de la casa. Tomar, en fin, el mando sobre las paredes agitando cada telaraña.

La puerta de la casa del Enano frustró su trayecto, interponiéndose como telón inicial de una obra (Personajes: Enano. Raquel. Mauricio. En proscenio dos de ellos, sus rostros no se distinguen . Luces amarillas en contrapicado).

Raquel toma pose espiatoria.

Vio al Enano sentado en un sillón, sin doblar las rodillas. Sujetaba con ambas manos el vaso como si se adueñara de un presentimiento. «Precipitarse hacia el brazo derecho del sillón y hacer retroceder el espaldar hasta el suelo». Raquel intentó atisbar la persistente membrana amarilla. La puerta dejaba entrever las piernas de alguien arrellanado en el sofá, frente al Enano. Había diálogo.

Las palabras provenían del otro: recordaban los favores principales que éste había concedido al Estorbo y el tiempo. Un hablar interrupto. Premeditado. Silencioso. Después de un largo revoloteo fue directo. El otro necesitaba unos documentos que (mencionó el nombre del Enano, Raquel retrocedió) conservaba desde el principio; pertenecían a ambos y en correspondencia debía tratarse el asunto. Calló. Luego comenzó a describir la urgencia de su pedido.

Raquel cambió de posición para indagar sobre la identidad del otro, arriesgándose a ser expuesta entre el visitante y el Enano.

Mauricio detuvo la conversación. Se puso de pie como quien escucha el veredicto final, pero en seguida volvió a sentarse, derribando en el gesto una jarra cercana. Hubo silencio. El esposo de Raquel enseñó un pañuelo muy blanco y persiguió una gota de sudor. Otra vez dirigió al Estorbo la letanía que comenzaba con una enumeración de sucesos comunes y terminaba con la petición de los documentos.

El Enano comenzó a recoger uno a uno los pedazos de porcelana que cercaban los pies de Mauricio. Así agachado, resaltaban los errores de su fisonomía. Alzó la cabeza para mirar al muchacho. Esperaron los desprendimientos de porcelana en el suelo.

De la negativa del Enano a Mauricio en la acera, casi atravesando la avenida, Raquel tuvo tiempo sólo para reaccionar y perseguir a su esposo o perseguir el camino que debería efectuar su esposo hasta el cementerio.

Traspasó los bancos en el parque, un remolino de hojas secas, el vapor que trasciende el asfalto, dos ancianos cuando tomó por una calle de casas cercadas. Se expandía para abarcar el follaje de los árboles y luego retornaba a su lugar, avanzando.

El Enano podía ahora descansar o no. Mauricio iba a demostrar el enojo acudiendo por fin a la cita, donde ella esperaría por la decisión de marchar y concluir con la voluntad del Estorbo. Había dos cuadras, la avenida, una tienda de artículos femeninos, el final del viaje. En su panorama inmediato no encontró a Mauricio —probablemente se había rezagado. Raquel habría alcanzado mayor distancia de no ser por un incidente:

Ahora la tienda . Raquel cruzaba la fachada . No recordó el cristal de la vidriera. Indagó en los bordes para descubrir la adaptación, y con la inmediatez que contrae un descubrimiento, se detuvo.

El vidrio reproducía cada rasgo exterior, excepto su figura. Cambió de posición pero continuó faltando en el espejo. Entonces pensó en una especie de exoneración: seguir de largo. Pero fue instantánea.

Se reunieron las memorias en Raquel. Buscó y encontró su reflejo al otro lado de la calle.

VI

El reflejo recorría el trayecto esbozado por ella. Una de las manos sujetaba un paquete de contenido letal y apariencia lúdicra. Se dirigía hacia el cementerio con el apremio de Mauricio esperándola. Concibió, con su esposo, la precaución de tomar caminos diferentes. Él cumpliría primero con la cita, y ella agregó al retraso premeditado cierta distracción: observó durante dos segundos la tienda de artículos femeninos, desprovista de cristal. Después comenzó a caminar. Determinó cruzar la avenida antes de que se agotara aquella cuadra. Sintió prisa. No se detuvo a vigilar el tráfico, avanzó. Ya pesaba sobre el asfalto. Pero avanzó poco, no pudo vencer el ultimo metro: un golpe que se movía perpendicular a ella la alcanzó en medio de la calle. Raquel, en el pasado, fue abolida por una camioneta; estuvo rodeada por la muchedumbre mientras ejecutaba los últimos respiros. Mientras Mauricio, al timón de la camioneta, aceleraba su fuga, volvía a casa, planeaba pedir unos documentos al Estorbo. Mientras, la muchedumbre cubría el cadáver con una sábana.

VII

Raquel indagó en su entorno apariencias contrarias a sus recuerdos, pero comprendió que los rayos del sol la atravesaban, que los edificios descendían al unísono. Y el cristal de la tienda era reciente.

SOULEEN DELL'AMICO CIRUTA (Ciudad de La Habana, 1974). Narradora. Finalista del concurso nacional de cuentos Hemingway 1998.

Une a la frescura de su historia una mirada romántica (en ocasiones edulcorada; otras, agresiva; las más, resignada) y apela a un extrañamiento nostálgico de la realidad que pinta, logrando atrapar con ciertas dosis de suspenso. Aunque nos hallamos ante uno de los primeros textos de la autora, podemos descubrir dos pistas esenciales si pretendemos —y nos atrevemos— a lanzar algún vaticinio acerca del mañana de esta narradora: un engranaje adecuado de las ideas, situaciones y personajes que van llevando la historia por cauces aparentemente normales hasta los párrafos finales (virtud escasa en los autores más jóvenes), y el llamado al interés por la solución final mediante claves que suenan cada cierto tiempo desde el mismo momento en que se comienza la lectura.

CONTRADICCIONES

—¿Y a mí me hará reír?
—¡Oh! Sí, os lo juro, él sí, nadie más que él. ¿Mas qué os inquieta?
—Así —dijo el enfermo— no me curo,
yo soy Garrik; cambiadme la receta.

Reír llorando. (JUAN DE DIOS PEZA).

No sé cómo será allá en Italia, amiga, pero lo que es este país está lleno de contradicciones. Dicen que el francés es la lengua del corazón, y sin embargo no hay ternura alguna en lo que dicen o hacen. Tienen un ministro de la francofonía para propagar el idioma, pero no así el amor, sólo el idioma y los males de Venus. Quieren comer moluscos y se limitan a poner atención a las salsas de acompañarlos. Dicen apreciar los quesos y detestan las vacas. Además, todo es tan frío acá, las personas andan con prisa de llegar a todas partes cuando realmente no van a ninguna. Los vecinos no te molestan, no se habla en los elevadores para contarse la novela o criticar el sistema. Ni siquiera Antoine conversa conmigo en este invierno. Él, que en Cuba no hace pausas en cuanto abre la boca. Es como si el frío se metiera dentro de uno y te fuera congelando despacio, con lengua y todo.

Me encierra con llave —¿Te lo había dicho? La porta siempre a la altura del pecho, colgada de su Cartier. Te digo que no parece el mismo. Me lleva a las sesiones del Prêt-à-Porter y se sienta nervioso a esperarme fingiendo leer *Le Monde*. Dice que las cubanas siempre tenemos amantes, que somos insaciables por natura y que soy «belle», que si me pierde moriría, que a sus años es mejor precaver (todo eso con su erre a rastras). — Para él es obvio que tengo la cabeza vacía, como si fuera el precio a pagar por mi belleza. Lo sé por la resignación paternal que le imprime a su mirada. Si pasara más tiempo a mi lado, tal vez opinaría distinto, y pasara más tiempo a mi lado, tal vez opinaría distinto, y dejaría de tratarme como a un Picasso o una cerámica preciosa. Pero los hombres de negocios siempre están ocupados, y con respecto a mí, ya concluyó. —Te juro que si no fuera por esa obsesión suya de traición, no desearía tanto serle infiel.

He roto una de las ventanas del fondo para entrar y salir a mi antojo. Sabes que no puedo estar encerrada y basta con prohibirme una cosa para que me desviva por hacerla.

Estoy en la calle, acabo de escaparme. He decidido ir a sentarme a los Jardines de Luxemburgo, donde el profesor Sèrge nos aconsejaba allá en la Alianza que no fuéramos nunca, si algún día veníamos a Francia, porque los estudiantes de la Sorbonne se te plantan al lado y no se levantan sino para irse a la cama contigo. Aunque por años me he resistido a creer esa hipótesis suya de que acá los jóvenes persigan más las faldas que en Cuba. Menos aún, habiendo vivido en carne propia la frialdad que llevan dentro esta gente, que mas que gente parecen estatuas escapadas de algún museo de cera. Para que veas, Claudia, a pesar de eso, hoy todas mis esperanzas están puestas en ella. Tú bien sabes que odio equivocarme y que siempre he sido de la opinión que el calor del trópico, la transpiración y las ropas ligeras incitan a la comunicación y al intercambio corporal, como este frío hace que una se inhiba y se retraiga. —Esta tarde daría cualquier cosa porque fuera a la inversa, sin importarme el estar equivocada de medio a medio.

—De cualquier forma hoy tengo tiempo y disposición para comprobar toda clase de teorías, tú me conoces bien. Esperemos, entonces, que el clima no sea muy severo con el deseo.

Ya va faltando menos. Se avecina un puente. París está lleno de ellos y le confieren un toque especial. Creo que los hicieron así con toda intención, son capaces de hacer cambiar de idea a los suicidas. En La Habana no hay construcciones como éstas y es una pena. Por el que ahora camino es conocido como el Puente Nuevo de París; sin embargo, es el más viejo de todos, y Voilà, otra contradicción francesa. Pero la ciudad no se entera de esto, Claudia, y es linda, tanto que valdría la pena rogarle a Giuseppe que te traiga. Su único defecto es que las velas de Antoine están abarrotando todos los comercios, espiándome a donde quiera que voy. Ahí está su nombre marcado sobre la parafina, persiguiéndome, recordándome mi pesadilla.

Llego al parque y me dispongo a esperar por mi futuro amante. Esto me recuerda los tiempos del patio de La Maison, donde nos sentábamos también a la captura de un pasaje para salirnos del subdesarrollo, porque Europa les iba mejor a nuestras carreras de modelo, hasta que cada una logró su objetivo. En fin, conoces esa historia. —Según tengo noticias, del grupo nuestro no queda nadie que no haya alzado el vuelo, no sin antes enjugarse las lágrimas para poder abrirse paso en el aeropuerto. De sobra sabemos lo molesto que es caminar con ellas nublándote la vista.

Aunque lo peor viene después en el exilio, y a lo mejor exilio no es la palabra adecuada en nuestro caso, tal vez nostalgia. ¿Será sólo nostalgia lo que me hace suspirar por el Morro y las calles sucias, por todo lo insignificante, en lo que nunca reparé mucho porque siempre iba a estar ahí? ¿Será nostalgia lo que me impide sentirme bien donde estoy, con todo el lujo que me rodea y esta sensación de saber que para atrás no se puede volver? No sé por qué, pero así es. No hay regreso posible. Sé que aunque quiera no puedo hacerlo, por causas que ya me son ajenas. Una se devana los sesos y a lo mejor no es ni una, ni otra. Lo peor de nuestra situación es que no nos va nada, nada, salvo el cartel de *putaines*.

Algunas noches sueño que estoy de vuelta, ¿no te pasa?, que recorro las calles de La Habana en busca de las amistades y no las encuentro, que no quedan jóvenes en Cuba. —¿Dónde estarán todos? —me pregunto sin cesar, hasta que despierto llorando, apretada contra Antoine o la almohada. —Y pensar, Claudia, que antiguamente a los cubanos se nos castigaba con el destierro. —Tal parece que algún brujo Indio hubiera echado una maldición sobre la isla antes de ser exterminado: «Que los hijos de colonizadores vivan en la sumisión eterna, que cada generación venidera sea infeliz, que nunca encuentren paz ni siquiera con ellos mismos y que no escapen de este maleficio, aun cuando intenten huir bien lejos de su destino».

—El tiempo va pasando y creo que Sèrge mintió acerca de los estudiantes. ¿O será que están en época de exámenes? No busco nada serio, solo quiero que las constantes sospechas de Antoine sean justas y poder mirarle con altivez a la cara. Empiezo a recorrer los jardines y monumentos, detallo los contornos del palacio, pero no entro. Me dejo caer decepcionada sobre un banco. Entonces siento que me miran de forma insistente y allí están aquellos ojos sobre mí. Son azules, transparentes, hechos de un tono que solo he conocido acá en el hexágono, usa el tipo de mirada que va en serio, que no miente ni juega. Lleva un pelado con el toque de rebeldía que nuestra edad exige, tiene piel de recién nacido. ¡Es perfecto!, tanto que me duele mirarlo, tanto como fuera de deforme y contrahecho el jorobado de la iglesia de Nôtre Dame. Ahora ríe y su sonrisa es idéntica a la tuya, quizás su llanto también lo sea.

Intenta algo y descubro su cadena (perpetua, igual que la mía). Está atado a una vieja dama que, sin exagerar, pudiera ser su abuela. Continúa mirándome como si ella no estuviera. Como si solo él y yo existiéramos en este Edén renacentista, y yo también lo miro y le sonrío, imaginándome con él en una cama de aire, y la vieja le habla y él le contesta sin dejar de mirarme y sonreírme. Tiene la expresión inocente. Creo que es la mitad que me faltaba, que si lo dejo escapar se esfumarán mis deseos de vida. Esto parece magia, amiga. —¿Será que sólo en París ocurren los milagros? Algo se rompe o nace dentro de mí, me siento tigre y presa bajo la misma piel. La vieja sospecha y aprieta la mano con que está asida del joven, suelta a los perritos, para ganar en potencia con la diestra. Y ellos corren a revolcarse entre risas y se muerden lamiéndose y se huelen desaforados como en una despedida y se juran amor halándose las orejas. No sé por qué se me antoja que son hembra y macho. La señora es la única que los sigue con la vista. Y aunque no quiero, pienso en Antoine y la hora. —¡*Merde*, es tarde!

Quisiera idear un mensaje capaz de burlar la distancia de los bancos, el idioma, la guardiana de los cockers, y quedar de acuerdo para el día siguiente —¿Qué haremos mañana con ella? ¿Cómo soportaré la espera, sin tener en mi lecho sus ojos de ángel, cerrándose gentiles al pecado? Tendrá que ser en un motel, a casa no puedo llevarlo, habrá que venir con dinero para el alquiler, y cómo se lo cogeré a Antoine sin que lo note, y por qué no lo paga él, tal vez no piensen venir mañana, tal vez la vieja quiera irse a otra parte. Y me levanto cagándome en la vieja pedante que me clava la vista y me alejo maldiciendo este mundo donde la puñetera vanidad sale siempre ganando.

Antoine no ha llegado aún, hoy tenía que pasar por la agencia a buscar mi dossier y se retrasará unos minutos. La imagen de esta tarde no me abandona. Estoy en la ingravidez. Sólo me he sentido igual la tarde en que fuimos juntas a la exposición de Henri Moore y al partir noté que se iban conmigo todos sus bronces y figuras extrañas. Dijiste que tenía alma de artista y aseguraste que sufriría mucho. No te creí entonces, pero eres una mujer sabia.

Mañana iré de todos modos, si están me les acercaré a preguntarles cualquier cosa. Quiero oír su voz aunque desde ya sé cómo va a sonar. —Entiendes mejor que yo de lo que hablo, amiga, porque sólo ahora comprendo tus lágrimas, aquellas que no lograba explicarme porque tu amor por mí siempre me pareció falso, como si detrás de todo lo único autentico fuera tu empeño en estar a la moda. Perdóname, Claudia, por haberme dado cuenta tan tarde.

Estoy derritiendo cirios para que no le vayan con el chisme a Antoine. Él los trae por cajas de su fábrica y nunca les damos un buen uso. Allá en La Habana sí que saben aprovechar las parafinas. Esta noche le haré el amor, así, en esta atmósfera irreal que estoy creando, no al de los retratos que llenan las paredes de mi cárcel, sino al desconocido del parque. —Esta es una mentira que ha dejado de serlo a fuerza de rutina y se ha vuelto en mi contra, de sobra sé que el engañado no es el pobre de Antoine, sino yo misma. Pero la felicidad, amiga, no llega nunca al que no se la inventa.

Amanecí encerrada, como es habitual. Anoche, cuando lo venció el champagne, tomé la precaución de copiar la llave en masa de pan. Hoy he vagado por las calles, buscando un cerrajero que me entendiera y luego se ajustara en precios. Igual que tantas otras veces, terminé por echarle la masa a un perro callejero, que me miró insultado. —Los de aquí nada más comemos *croissants*, pareció decir con voz de pasionista. Seguro los de Italia solo mangian la Pizza.

Recorrí las alas del palacio para dar tiempo. No vino, esperé mientras el recuerdo de su mirada me crecía dentro y se me salía por el escote, igual que la ansiedad delante de las pasarelas en los grandes desfiles. Me había hecho tantas ilusiones con este momento, que ahora lo extraño más. Veo a la señora y me sube algo frío por el estómago, de pronto me tiemblan las piernas. ¡A mí, Claudia! ¿Puedes creerlo? Viene sola. Salió a pasear a sus perritos ingleses, los trae cogidos con sendas cadenillas. Yo sólo busco la tercera cadena, aquella que falta ¡Y él no está!, me apoyo de un árbol y trato de respirar entre la nieve. ¡Y qué difícil se me hace, coño!

La seguí. —No debe vivir lejos —me dije ya vestida de Mata Hari entre unos estantes de libros, para luego perderla entre los cafés y estudiantes du Quartier Latin. —Quizás mañana venga —me consuelo—. ¿No habrá burlado a la vieja para venir solo? —medité y regresé a los jardines. No, no estaba allá.

Antoine había llegado. Me colé por la ventana y fui directo al baño de mi recámara. Salí inventándole una historia cargada de quejas de plomería, para aplacarlo. —A esto sí le cogí la vuelta, este es el país de los paros. Acá la táctica es protestar o ir a la huelga, para tener tu propia revolución. Por suerte ya pasó la época de Robespierre y la cortadera de cabezas, que si no, la mía también iría a adornar uno de aquellos cestos de guillotina si mi Antoine se oliera algo. Gracias a Dios, no sospecha nada. Incluso viene romántico. Me tiende un regalo. Un collar de perlas. Mi abuela solía decir que las perlas traen lágrimas, y a juzgar por este collar, no sé si me alcanzará la vida para llorarlas todas.

Este es mi sexto día de búsqueda infructuosa. Pensé que estaba curada de esto, Claudia, que el dolor había quedado atrás con la adolescencia, que había aprendido a dominar las pasiones. Pero no, creo que a ese punto no se llega nunca, porque el amor viene con diferentes formas y cada vez te golpea por un lugar distinto y no inmuniza. Estoy como ida en las sesiones de fotos, la luz me da en los ojos y no la esquivo. Antoine me ha llevado al médico, me han hecho tests de sangre. Ya no lee el periódico tenso, mientras trabajo. Incluso me ha dado permiso para ir sola las dos últimas veces al Prêt-à-Porter. —¡Qué tonta fui al pensar que tenía la vida resuelta, que había encontrado estabilidad y que con el dinero terminarían mis angustias!

Siempre a las dos vuelvo al jardín y nada, la vieja sola con sus perros. Me he sorprendido a mí misma deseando ser uno de ellos, porque tienen la suerte de verle a diario. Ya no me importa bajo qué aspecto sea, Claudia, esto es en serio. Les traigo *croissants* y los acaricio. En cuanto ella los suelta corren a mí, como si trajeran un mensaje que no logro descifrar, y crece mi tristeza. —Lo tiene castigado, estoy segura.

Ya conozco este pedazo de historia mejor que cualquier francés. A veces la plaza se llena de niños que vienen a ver espectáculos de marionetas, entonces, regreso a palacio y lloro donde amó María de Medicis, desde allá espío por las ventanas a la vieja y beso mis manos aún tibias por los perros. No he dejado de seguirla aunque es inútil, siempre desaparece en la misma esquina. Me mantengo sin esfuerzo en las medidas marcadas en mi dossier, apenas si como. Sabes que no me importa el físico ajeno, Claudia, que igual que tú estoy curada de eso. La apariencia de un hombre no es más importante que su bolsillo o su cerebro, eso lo aprendimos bien. Los maniquíes somos nosotras y nada debe impresionarnos. Pero es que esto es distinto, es como si me faltara algo pequeño que empieza a crecer y de pronto deviene un todo. Y ya no mando en mí y aunque he tratado de razonar, no puedo.

Es el décimo día y llego a mi sitio en el jardín, desalentada de ver tanto gris. Me siento la princesa de las nieves. Ya no sé si hay invierno de veras o si éste se desplaza solo conmigo a donde quiera que vaya, como un rey Midas de hielo.

—Ayer fui escogida por Jean Paul Gaultier y apenas si me alegra.

No era una visión, Claudia, estaba allí con la vieja y sus ojos volvieron a abrazarme, me acerqué sin importarme nada, como un zombie, le pregunté si había estado enfermo. Y la vieja respondió por él en un tono que me pareció seco. —*Oui, trés malade* —dijo. Él me miró de nuevo y me estremecí toda. Allí estaban sus brazos, su olor era justo como lo había imaginado. Podía dejar a Antoine si me lo pedía aquella boca, pasaría hambre por él, viviría bajo cualquiera de los tantos puentes del Sena. Su risa de nuevo me envolvía y de pronto me sentí en casa, lejos del exilio o la nostalgia o lo que fuera que me apretaba el pecho. La primavera se posó sobre el banco. La vieja salió, creo que a recoger los perritos que terminaban su merienda. Él se afincó del águila de oro de su bastón y palpó la hora en su reloj Braille.

—Eres puntual —me dijo.

Y entonces, Claudia, no pude creer que la mirada más cálida del mundo saliera de unos ojos muertos, así como este mal llamado Puente Nuevo es hoy el más antiguo de todos los que se alzan sobre el Sena.

REBECA MURGA VICENS (La Habana, 1973). Narradora y crítica. Ha obtenido premio provincial de cuento «Onelio Jorge Cardoso 1996», premio de cuento «Abel Santamaría» (Universidad Central de Las Villas, en proceso editorial por Sed de Belleza Editores: *Desnudo de mujer*), y numerosos premios en eventos provinciales de talleres literarios. Trabajos suyos han sido publicados en la revista *Huella* y el boletín electrónico *Tesis*.

Ya desde sus primeros cuentos anunciaba un apego al tratamiento de los conflictos internos de los personajes mediante introspecciones en su psicología que iban anunciando los derroteros por los cuales se movería la historia hacia un final siempre predestinado. Sus protagonistas, generalmente femeninos, en su accionar, convierten en antagonistas, no sólo al resto de los personajes, sino también al marco ubicacional donde tiene lugar la trama, a la atmósfera (siempre opresiva, descorazonadora) y a la propia historia. Todo eso (en sus narraciones) converge hacia una situación paradigmática muy conocida: un hombre (en este caso, una mujer) quiere desaparecer una montaña y para ello comienza a socavar su falda ayudada por una simple cuchara de cocina.

PARA ESO SON LAS AMIGAS

1

La erección a que se ha ido acostumbrando, esta vez le repugna. Lo ve abalanzarse y reclamar su derecho a ser bien atendido, muy bien sacudido, como ella misma decía sonriendo. Pero ahora no ríe y esto le parece algo bastante serio. Si hubiera sido lo de siempre, las cosas tendrían otro nombre, si no para los otros, al menos para ella, que intentará, mientras pueda, recordar a Mariela y hacer esas cosas con la misma resignación y el mismo valor de Mariela, que para eso sí se necesita valor (porque no puede ser permitir), que le disparen a una la baba de cañón insatisfecho de este hombre que se vuelve y la mira esperando, porque ha pagado bien y espera cobrarlo mejor, y sabe que es difícil, pero no tan asfixiante. Prepararse psicológicamente, esto le había dicho Mariela, y ella que sí, claro que estaba preparada, esto no era nuevo, y sí que era muy nuevo y penoso además para ella, que puede acostarse con cualquiera o con casi todos, siempre que puedan merecerla. Y ya lo tiene arriba y siente que aún no está psicológicamente preparada, pero dale, que mientras más rápido pase mejor será, y la acarician, no es tan malo como lo pinta la gente, no me falta nada, la desnudan y va pensando en esto mientras siente. Y no siente nada.

2

Todo es muy fácil. Es cuestión de cerrar los ojos y tratar de olvidar, recordar algo bueno, uno de los tipos que realmente te hizo sentir en aquellos tiempos en que se podía sentir y comer, de esos que te enseñaron con placer el placer que hoy cuesta a los demás. Piensa en ella, su única amiga que ahora está en lo mismo o quizás ya terminó. Es mejor que olvide un poco a esta muchacha que no resuelve mi problema, y mi problema me está pidiendo un beso y que lo sienta, grave problema porque yo no siento nada, pero tengo que sentir porque esto es con el alma, y si no, nada de plata. Ella, que siempre ha estado preparada psicológicamente, capaz de abstraerse al punto de vivir el momento y cobrarlo para después volver a vivir y volver a cobrar, que puede con toda decisión decir a su amiga lo que significa estar preparada psicológicamente, sabe que no lo está por primera vez y se preocupa al saber tanto cuando eso no importa aquí, y se mueve. Lo estimula con cosas nuevas para él, cosas que lo enloquecen, mitad furia, mitad pena, extrovertida bestia sexual, capaz de ser amada sin amar, por lo menos en un instante.

3

La pegajosa lengua ha saturado los poros que a modo de secreción devuelven la saliva al ídolo en que debe convertirse y que inconsciente disfruta el momento de sentirse hombre, de hacer y deshacer sin el temor de quedarse vacío como ella, que quiere que la tierra se abra y se lo trague completo, como está haciendo él con su cuerpo. Sólo puede contar con Mariela, la única que puede ayudarme si me quita a este hombre de arriba, y la gruesa cabeza la siente rodar entre sus piernas, sumergirse un poco más allá de su tiempo y de su espacio; con las manos registrando sus senos que se escapan en un pudor bien fingido. Recuerda a Mariela, cuando dijo de un cambio para bien y pensó que sería fácil, estaba segura, ya lo había hecho, con pequeñas diferencias. Pero no estaba hablando, ni Mariela la escuchaba, quería gritar que no es lo mismo, y es que no sólo se grita de placer, porque es una mujer y tiene miedo de este sapo que intenta seducirla con las manos. Si pudiera terminar. ¡Ah! Si pudiera... Pero le falta y sabe que no puede hacer otra cosa que resignarse, igual que su amiga Mariela, su amiga que la comprende, a ella, cuando parecía que nadie pudiera comprenderla por ser una inadaptada social, no sólo la comprende, sino la ayuda a ser igual, porque Mariela es una amiga a todas y cuando este hombre le pague, se tomarán un trago juntas y le dirá que es muy valiente, pero ella no, y esto no puede hacerlo más porque le duele malgastar su tiempo. No ha podido disfrutar nada, sólo siente el dolor que le riega por los huesos de tantas vueltas sin sentido, aprisionada por la barriga que cae sobre su espalda y la domina. La barriga que aborrece y la hace sentir mal. Mariela, ¿qué estará haciendo ahora? ¿Cómo podrá hacer lo que seguro está haciendo? Si pudiera ser como Mariela. Si pudiera cerrar los ojos y que todo caiga por su propio peso. Intenta no abrir los ojos, y puede, claro que puede, si no es tan difícil recordar cuando menos al hombre de ayer, con quien pasó un rato mejor que éste, no como si fuera el hombre de su vida, porque está muy lejos el deseo de encontrar al hombre de su vida, pero parecía más corto el tiempo. Si pudiera adelantar las horas y verse con Mariela, su única salida, escucharla para que le diga que también a ella le suceden esas cosas porque una no puede elegir, sino dar gracias a cualquiera que la elija. Dentro de quince minutos será distinto, otra cosa y no lo que es quince minutos antes. Si pudiera tantas cosas. ¡Ah!, si pudiera...

4

Y ha podido, al fin, satisfacer a su hombre. Siente que quiere a su amiga, como algo suyo se le hace imprescindible, quiere verla aquí, a su lado. Si hubiera sido otra, le habría dicho que aprendiera en el camino, pero era su amiga, quizás porque simplemente le había caído bien esta muchacha de continuidad y consuelo pidiéndole un remedio para su ambición de inadaptada. Y va, mirando cómo su vida se repite en las pupilas de las otras que como ella saldrán corriendo con las manos llenas, y algo más.

No importan los medios, sólo el fin. El fin que para todas es el mismo. Se demora, pero ya llegará y ella la espera porque es una buena amiga para su primera amiga. Se marcharán juntas hasta que vuelvan a verse, la amistad es lo más bello que existe. Sobre todo para quienes tienen algo nuevo en qué pensar cuando no quieran pensar en nada. ¿Por qué entonces no puede comprender lo que le pasa? Si todo lo que ha hecho es decir lo que para su bien podía hacer, lo mismo que ella hace para mantenerse como Dios manda, y se lo dijo sin celos ni reservas. Es que soy sentimental, debió pensar y continuar tranquila. Pero: ¿qué es esto, madre mía?, ¿qué es?

4 a

Esta escena de puchipapilindo me repugna. Creía no poder repetirlo y aquí estoy de nuevo, tentada por la miseria. La miseria de la que quiero escapar para volver a ella, espantada por una miseria aún mayor: mi propia miseria.

Se asfixia respirando en un vacío de «eres mi amor» y «qué bien lo haces» y «qué movimiento el tuyo», esas cosas que la tornan impotente hasta hacerla pequeñita en las manos que la tocan hoy y la tocarán mañana. Siempre que alguien desee jugar con su cuerpo hecho para el consumo de unos pocos (pocos), entre las sábanas, con los ojos en un punto fijo, donde nadie los pueda mirar, donde pueda estar Mariela diciéndole que aguante, que no sea mala con este hombre, quién sabe y pueda darle mucho más que este mal rato y podrá estar contenta y vivir, vivir, que es lo que da la vida, total, si no somos eternas, mejor hoy que estamos completas y no cuando tengamos lástima de nosotras mismas. Y aparece y desaparece entre las sábanas, la hacen descubrir cosas muy nuevas, cosas extrañas sin atreverse a disfrutarlas, pero necesarias a su oficio, a las que se acostumbrará y llegará a dominar y será reina de todo, manoseando el sexo ajeno con la facilidad con que toca una muñeca, o un videocasette, y ya no necesitará pensar tanto en Mariela, no se le va de la cabeza, no entiende cómo puede con esto. Sigue ahí, fingiendo que lo quiere y es querida, como debe hacer Mariela. Y siente más, debe terminar porque no le dan las fuerzas, puede vomitar de la fatiga a que este hombre la ha llevado y tiene que poder, mueve sus caderas de mujer bonita y las mueve, las mueve, las mueve, las mueve mucho hasta que la sueltan lentamente. Sonríe. Se levanta.

5

Lo mismo de siempre. Intenta hacerlo diferente y juega con sus manos a algo nunca pensado, a cualquier cosa, siempre que lo entretenga. Se le arrima con suavidad, con lo húmedo de su cuerpo de mujer, porque es bueno a veces recordar que es una mujer y aprovecha a este que no es *tan* como los otros y, además, habla muy bien. Le ha tocado lo mejor y piensa que su amiga puede tener la misma suerte, pero este hombre va a hacerle olvidar todo y trata de portarse lo mejor que puede, luce sus encantos, se excita excitándolo a él que le pide más y es que ella, cuando quiere sabe cómo enternecer a un hombre, lo seduce con miradas provocativas, él las siente, la conserva fierecilla, le toma las manos pidiéndole, ella no sabe qué hacer, él le recuerda y se excita, la quiere excitar. Ya no hay para más. Las manos resbalan por la velluda espalda y el mayor de sus dedos de mujer encantadora, bonita, sensual, es condenado a penetrar en aquel abismo que pensaba poderosamente masculino. En su retorcida vagina cae el semen como pequeñas gotas de grasa, en segundos convertida en blanca y fina manteca.

¡Era esto lo que esperaba para su amiga! La pobre, si se encuentra con esto hasta ahí llega su amor. Otra vez con lo mismo, hace tiempo la protege y tanto cuida de ella que hasta busca sus compromisos, pero cómo no va a cuidarla si le había dicho: «Mariela, pienso en esto, en nuestra amistad, así todo es más fácil». Es que ella, Mariela sin apellidos, tiene una amiga. Una excelente amiga. Siente que la miran, es su amiga. Ve a Mariela mirándola y ella la vuelve a mirar. Se miran. Necesita un trago. Mariela necesita un trago, la invita. Se van. Tiene necesidad de conversar. Sabe que Mariela quiere conversar y la escucha. Conversan. Quiere sentirse un ser humano. Hace a Mariela un ser humano. Y son seres humanos. Se le salen las lágrimas. Y la consuela sin verter sus lágrimas. Lloran juntas. Sabe que mañana será lo mismo. Es verdad, mañana tiene que ser lo mismo. Tendrá que ser mañana. Pero así se hace dinero. Es verdad, se hace dinero. Loado sea el dinero. Sin pensar en la salida. Eso, sin pensar en la salida. Y piensan, como fieras, en la salida. No les faltará nada, lo que la gente no tiene. ¡Qué estúpida es la gente! Por eso no cree en la gente. Sabe que Mariela no cree en la gente y ella tampoco cree. Se vuelven ateas a la gente. Y sólo cree en ella, su amiga. Entiende que Mariela cree en ella, porque la considera su amiga. Y cree en ella como amiga de Mariela. Le pide que nunca la olvide. Sabe que Mariela habla en serio, y no la olvida. Para eso son las amigas.

ENA LUCÍA PORTELA (Ciudad de La Habana, 1972). Narradora. Miembro de la UNEAC. En 1997 obtuvo el Premio UNEAC «Cirilo Villaverde» de novela. Cuentos suyos han sido publicados en numerosas antologías del joven cuento cubano en el país y el extranjero.

En sus textos se evidencia una propuesta estilística diferente al resto de sus colegas generacionales, esencialmente en sus desplazamientos temáticos hacia ciertas zonas prohibidas o poco frecuentes en la narrativa cubana escrita por mujeres a través de una especie de mala escritura (al decir de Ronaldo Menéndez) similar al *bad painting* de la plástica, dejando resquicios importantes, zonas inexploradas, «cabos sueltos» en la mayor parte del corpus de las historias de sus cuentos publicados, lo que ofrece (al parecer intencionadamente) una imagen estratificada, segmentada, del tema en cuestión. Compartimos con Mirta Yáñez el criterio de que es una de las narradoras más originales de la última promoción y de que sus cuentos se rebelan contra los esquemas tradicionales del género mediante el empleo de un «lenguaje procaz y la desarticulación del discurso, básicamente».

LA URNA Y EL NOMBRE
(UN CUENTO JOVIAL)

...latín, *merda*; sardo, portugués, catalán, provenzal, italiano, *merda*; sobresalvano, veglieta, *miarda*; francés, *merde*; español ...la espada flamígera de echar una ojeada a través de alguien en el... *Rubber Soul* termina por expulsar a Julio, ángel roto, de su paradisíaca *Lingüística románica*, Lausberg, tomo I. «Si no puedes vencer a tu enemigo ¡únete a él!», es apartar el libro y ponerse a dar palmadas al compás de la música (Tatarará ¡tará tará!). Paradigma de la resignación por fuera, en el laberinto de su mente todo es malditos Beatles, maldito cacharro, me cago en tu madre, Tata.

LA MUCHACHA

apaga la grabadora y de la risa casi se atraganta con el humo del cigarro. Tirado en la cama al lado de Julio, *el Espectro*, conocido en ocasiones como René, interrumpe para sonreír la ocupación maravillosa de contemplar en el espejo todo ese vestido maniquí que constituye su cuerpo. Tal vez supone el retorno de la perdida conexión entre ellos (incluida la muchacha) y el sentido común. Algo más digno, en todo caso, que tres lenguas y una sola cara desbordada y pálida.

—¿Qué es eso, filósofo, te volviste loco?

Julio le devuelve la pregunta a la muchacha (—¿Tú crees?), mientras, en ejercicio de una prolongada inercia, continúa dando palmadas como un metrónomo a la deriva. La sonrisa del Espectro se diluye hasta la línea negra de su boca en la cara desbordada y pálida.

—¡Ay, viejo! —el metrónomo silencia.

Un legítimo aceptar de móviles y percances se pasea por toda la casa. La visión de su última cena exigua hace parpadear a Julio, incapaz ya de necesitar un vórtice o una simetría. Dobla la almohada e incrusta en ella su cabeza.

—Yo amo la música. De todas las canciones del mundo ninguna me gusta más que ésa. No obstante, Tata —subraya la frase—, coincidirás conmigo en...

ELLA NO COINCIDE EN NADA

En nada, Julio, en nada desde el día en que la cogiste *in fraganti*, *jean* viejo y pelo enmarañado, detrás de la puerta sin pestillo en el baño del templo evangelista, tratando de abrirse las venas con un cuchillo de mesa. Te informó su nombre, Thais, y que nadie la quería a pesar de lo mucho que se esforzaba ella en querer a todo el mundo. Con la ropa tan sucia, el aliento tan alcohólico y los labios teñidos de índigo, un borrón, una mancha social. Se te antojó una sin techo ni ley, de esas roncas, mal habladas hasta sonrojar a una cotorra de barco, que comen sobras en las pizzerías y se acuestan sobre la nieve con el primero que pase. Olvidaste que en tu país, Julio, no existe la nieve.

El Espectro se saca los mocos y los pega en el espejo. Dos mocos verdes y hermosos: uno sobre la imagen de Julio Indiferencia y otro sobre la de Tata Qué Asco. «Ojalá que no se muevan», piensa y también en lo mucho que le gustaría pintar de verde los códices en latín de Julio y hasta la *Lingüística románica*, Lausberg, tomo I. Si no lo hace es por evitar que le adjudiquen alguna intención de simbología antisemita al simple placer de los colores (verde y carne), por evitar el *happening*. Enciende un cigarro y Julio otro y con el de la muchacha ya son tres y ventanas cerradas. El auge del imperio del humo casi tropieza con las alturas del techo.

«Quizás podríamos jugar», se dice el Espectro y anuncia el

MENÚ

1. Shanghai: del mazo para pitonisas siete cartas a cada uno; ensamblar en los palos y en los números; al dos le corresponden dos; al siete le corresponden tres; no hay comodín; el As de oros es el Boom-boom, o sea, le corresponden tres; cuando tenga en sus manos la última el heraldo gritará «¡Shanghai» y pondrá a hacer la cañasanta perfecta, de no ser así, le corresponde una. Hoy le toca ganar a Julio.

2. Veo-veo: «vuelan estampillas por el correo»: ver algo en particular; decir «veo-veo» (la cuestión de las estampillas se puede aplazar); determinar el color a manera de prueba de que lo he visto con ayuda de las direcciones de acercamiento y de la temperatura. (Este juego, por cierto, ha degenerado mucho: antes se respondía «frío» o «caliente», pero en la última sesión ya la muchacha exigía «grados de tibieza». Aunque no le toque, Julio siempre gana.

3. Garfilotear: «En el principio era el Verbo y el Verbo era en Dios y el Verbo era Dios»; adentrarse en el misterio de la semántica y descubrir un significado, lo que equivale a resolver un sistema de ecuaciones en la variable «garfilotear» (v.g. ¿Se puede garfilotear desnudo en medio de la calle?) Prohibido el verbo «crujir».

Esta proposición, supremo discurso asesino del tedio, entusiasma a Julio, quien guarda el libro debajo de la almohada. La muchacha eleva su categoría espacial del suelo a la cama para anunciar su desacuerdo porque:

TENGO HAMBRE

y el filólogo es un tramposo, en el Shanghai esconde cartas, dice que las pone en el piso para que no se le caigan, lo cual no parece ningún chiste, sus enigmas de Veo-veo consisten en el humo gris y las grises telarañas y, por si fuera poco, dice que el Verbo sería Dios, pero que el principio está ya muy lejano y el Verbo no es otra cosa que una experiencia alternativa, un estúpido garfiloteo, con lo cual genera esas interminables discusiones de filosofía tropical donde, tú lo sabes bien, René, todos perdemos la paciencia.

—El hambre es irremediable, Tata —dice Julio—, el refrigerador está vacío y la puerta tapiada.

—Correr la suerte de Ugolino fue decisión de los tres —dice el Espectro—; podemos fumar, dormir.

Como no pudiste, Julio, sacarle en claro dónde vivía, la trajiste para tu casa (esta misma donde ahora se pudren) y se te ocurrió entonces una taza de leche con chocolate caliente y una frazada. En pleno agosto. Thais, ni ronca ni mal hablada, te confesó su escasa-casi-nula necesidad de esas atenciones, aunque desde luego, te lo agradecía mucho, aun en el caso de preferir que le permitieras usar la ducha, agua bien fría para espantar la borrachera.

RENÉ

conocido en ocasiones como el Espectro, llegó dos días después para quedarse. Diabólicamente (espectralmente) flaco, cargado de hombros y vestido de negro, todos los lunes quiere ser el primer violín de Jehudi Menuhin; los martes, Vyasa, el autor del *Mahabharata;* los miércoles, un diente de león; los jueves, un *travesti* luchador de greco y sólo durante los fines de semana asume su propia personalidad exenta de lamentos y sollozos. Todo en un *tempo* muy despacioso de vivir por capítulos, *tempo* de telenovela, incluso cuando afirma, emocionado, que algo está podrido en Dinamarca o cuando remeda la voz de Laurie Anderson en el LP *Big Science* y responde a la pregunta *What is behind that courtain* con sus palabras naturales (Polonio el supersticioso). Hace dos semanas que no sale, obsesionado con la idea de que la calle no existe.

Idea que nos inyectaba, sesión tras sesión, a Tata y a mí hasta conseguir que tapiásemos la puerta. ¡Conjurar al abismo! ¡Y ni siquiera duda el viejo cabrón! (Inmutable René). Un comienzo de deshacer esquemas, de abolir creencias, devino nuevos esquemas y creencias perfectamente insertables en la cotidianidad. Y todavía estamos bien, cuando se nos ocurra dudar de la firmeza del suelo que pisamos (una vida a prueba de sismos), entonces ya veremos lo que sucede. Por ahora, tal y para siempre, no encuentre motivos para perder la calma: en realidad (¡cómo me cuesta decir esa palabra!), con o sin calle, todo sigue igual.

Ella a veces se pone nerviosa. Después de todo es la más joven de los tres. Julio recuerda el chip-chip del agua al caer, el tap-tap de los cochinos piececitos aplastadores de charcos y el chapoteo simultáneo a la parodia inevitable de una canción de los Beatles a través de la ausencia de puertas y cortinas. A cambio de la epopeya en el invierno nórdico le regalaron una agradable excitación. La madrugada se ponía obvia en el reloj entre sendos vasos de té con limón. Julio escuchaba el relato de cómo eran los días difíciles de una muchacha. Enamorada de un tal Enrique Jordán, se había dejado

GOLPEAR

horriblemente por éste en varias ocasiones pero se hartó y dejó a Enrique y dejó la escuela (Matemática, pura manifestación de colinidad), el profesor de Marxismo la había llamado penetrada y antiestética, lo de penetrada, pase, pero antiestética sí que no, a pesar de los dos que le llovían en Álgebra y Análisis.

Esta nueva madrugada también se pone obvia en el reloj que anuncia la corrosión de tres estómagos por los jugos gástricos. Los dos mocos se han endurecido sobre el espejo («¿Acaso no se pueden modelar figuritas con semejante material?», se pregunta el Espectro mientras camina hacia el baño), pero las imágenes se han desplazado hace rato.

TRES ESTÓMAGOS

corridos («¡Quién los viera por dentro!», piensa el Espectro desde el baño mientras se baja el pantalón) no confirman por necesidad el éxito de una representación heroica.

—«Ugolino della Gherardesca»— lee la muchacha en la Enciclopedia—, «tirano de Pisa, del partido gibelino inmortalizado por Dante en su *Divina Comedia*», muy folletinesco, ¿ustedes creen que alguien se dedique a inmortalizarnos a nosotros?

Ni este lenguaje de cripta ni los ruidos y olores que emergen del baño donde a puertas abiertas el Espectro defeca algo impreciso son capaces de asombrar a Julio.

—La inmortalidad, ya sea real o metafórica —afirma— puede ser algo muy desagradable, Tata.

La muchacha sonríe.

—Oye, René, apestoso, ¿no quieres que te inmortalice?

Se oye un pedo en el cual ella supone sonoridades afirmativas. Pero la cámara no aparece por ningún lado y el fogonazo no llega a producirse. (Bien que debería ser inmortalizado el Espectro inmerso en la práctica de lo que él considera el arte decimotercero).

¿POR QUÉ NADIE

llama a la puerta? ¿Dónde están los vecinos y los bomberos y la policía? ¿Será verdad que la calle no existe? Mira, Thais, estáte tranquila, si quieres echa un poco de humo. Parece que estos tarados te van a llevar al manicomio (Qué miedo, ¿verdad?), anjá, haz lo que te digo. Fíjate que ya no te preocupan ni el principio ni el final de las cosas, es muy posible que estés embarazada y no sabes de quién (por favor, no se te ocurra traer otro taradito al mundo). Julio te dijo que la muchacha que fuera con él corría el riesgo de regresar con un Julito, pero no especificó si se trataba de un bebé o de un adulto disminuido, la última vez que comiste no la recuerdas.

«¿Por qué nadie, por qué?», piensa la muchacha. «¿Quién es Julio? Sí, igual que yo, un *ex fool on the hill*, Cayo Julio Verne Cortázar. ¿Quién es René? Bueno, sí, también un ex actor del teatro con la puerta detrás del escenario. Según he oído decir, por poco estrangula a un Vitia dramaturgo cuando éste le exigió limpiar el escenario, lleno de aserrín, poliespuma y pinturas ocres y rojas después de una función. ¿Y yo? ¿Quién soy yo? (Mira que me hago preguntas tontas). Me llamo Thais de Alejandría, una que se dedica en estos momentos a titular historias personales. Estoy frita si se acaban los cigarros».

El ex actor del teatro con la puerta detrás del escenario sale del baño y se tira de nuevo en la cama. El *ex fool on the hill* extiende la mano para sacar su libro, debajo de la almohada. La muchacha les propone entonces jugar a otra cosa. Ellos se miran: no habían pensado en eso. ¡Y es tanto lo que deben pensar! Como no son dos sino tres (pedazo de cantidad mística y valga la perogrullada), un pequeñito símbolo de factorial (¡) les hace guiño detrás del número «corriente» de posiciones.

(Casi siempre demoran tanto en la selección que al final lo que tienen es tremendo sueño y no hacen nada).

—No me apetece —dice el Espectro, asustado por la proximidad del interminable preludio.

La muchacha mira a Julio. El pequeñito símbolo factorial (¡) ha desaparecido y, como quiera que sea, según ella, entre dos no hay mucho que discutir. El Espectro se pregunta si esta versión libre del albur de Ugolino no será, en verdad, demasiado libre.

No es que me moleste: antes de Julio y Thais he conocido otras dimensiones penetrantes y penetrables. La cuestión radica en el método. Claro, miren, voy a ver si me explico.

no tiene por qué «ser» el personaje. Es más, no puede serlo de ninguna manera. Se trata de conseguir la mejor aproximación, pero, eso sí, a lo largo de toda la puesta tiene que ser evidente que sólo se trata de una aproximación. El punto de equilibrio entre «ser» y «no ser» es único para cada cual. ¿Comprenden ahora? Estoy casi seguro de que Ugolino y sus hijos no se dedicarían a esto que desde aquí estoy viendo, al menos mientras estuvieron encerrados en la torre. ¿Canibalismo? Bueno, eso es más posible y en cierta forma se parece.

El Espectro coge el cigarro que dejó caer la muchacha y observa a los amantes, a su lado en la cama. Le parece contemplar la cópula entre dos estómagos corroídos. Julio muerde los pezones de la muchacha, quien insiste en verse así en el espejo.

—No te lo recomiendo —interviene el Espectro—, se ven bastante ridículos.

Una extraña sonrisa se dibuja en la cara de Julio, deformada por el placer que culmina cuando el Espectro le apaga la colilla sobre la espalda y brota el olor a chamusquina. «Si Tata decide no vestirse más», piensa mientras se abotona el pantalón, «quedaremos los tres inmortalizados en un cuadro de Manet».

CRISTINA FERNÁNDEZ (Santiago de Cuba, 1970). Narradora. Finalista en la convocatoria Pinos Nuevos, segunda edición.

En cualquiera de sus relatos conocidos, y en la pieza que aquí se incluye, esta narradora sigue fielmente el concepto de que el cuento ha de ser similar a un iceberg, agregándole con toda intención «que flota en un mar helado, bien distinto de esos otros que vienen a derretirse a los mares tropicales: lo esencial en su narrativa es lo que está por debajo de esa imagen, fríamente contada. La fuerza de sus propuestas parte de una constante indagación en fenómenos cotidianos (generalmente aniquiladores de esencias humanas) sólidamente estratificados por arte de la costumbre, el tedio moderno y la propia deshumanización en el desarrollo actual del mundo. Sus historias «pueden verse», aunque haya que fijarse en los detalles más pequeños para descubrir todas las lecturas posibles que plantea.

PROCESIÓN LEJOS DE BRETAÑA

Avenida cuarentaidós hasta quinta. El día parece como si se hubiese descolgado de New York. Vamos por el asfalto de siempre, pero hoy el tránsito es más desenvuelto, casi irreal. Lo cierto es que en el bolsillo tengo un billete y eso basta. Podrán ser negros, azules y hasta rojos, pero nunca amarillos. No quiero usar tenis amarillos y se lo digo a Vivi, que me mira y asiente. El día es lo bastante gris para apreciar enfáticamente que amarillos no irían bien en mis pies. «No, Vivi, no quiero parecer un clown». Además, ¿te imaginas cuando empiece el verano, yo retando al sol desde tan bajo?

Pero hoy el día tiene un aplomo con el que se congenia bien, sobre todo porque tenemos una expectativa rozándonos los pies. La entrada anuncia una gran feria. Se ofrecen carros en alquiler y alguna que otra mercancía de contrabando. Vivi se entusiasma con un queso recubierto en celofán. Se ofrece que te sientes a las mesas plásticas y consumas. Laticas, panecillos y embutidos.

—¿Por qué hoy no quitan las sombrillas?

Vivi no sabe que las sombrillas son tan representativas como las columnas del Partenón. En un país arduo, con un mismo sol y una misma fatiga, una sombrilla sienta bien. Bajo ellas, la vida aparenta ser apacible.

Vivi se queda boquiabierta cuando alguien pasa lamiendo un helado. Le guiño un ojo con malicia y le prometo que cuando tengamos el vuelto, le compraré esa fría redondez de fresa. Mientras, podemos mirar a nuestras anchas.

—Anda, ven, vamos a especular.

Yo venía por los tenis. Perdón, vengo por los tenis. De eso estoy tan seguro como de que el día se va poniendo umbroso y mis zapatos no van a resistir una lluvia más. No obstante, la peletería puede esperar.

—¿Trajiste la sombrilla?

—Será el paraguas. La sombrilla es para el sol.

—Estás simpática.

No la ha traído. De manera que acumulo tres expectativas inmediatas y ningún paraguas. La posibilidad de la lluvia, la necesidad de comprar los tenis nunca amarillos y la cara de Vivi deseosa de tener una tarde feliz. Me propongo olvidarme de todo peligro y convertir la tarde en un divertimento a toda propulsión. Aunque estemos programados como avezadas máquinas, un impulso muy fuerte nos incita a jugar.

Entramos al grocery. Es necesario tomar una cesta al pasar. Los empleados tienen cara de «con el vulgo no es lo mismo».

Con la cesta en la mano, se me ocurre un juego para no desaprovechar el momento. Nos situamos frente a las bien alineadas y surtidas hileras de estantes. Tenemos que procurarnos productos que en total no excedan los veinte dólares. Vivi propone que luego cada uno lleve a sus lugares los productos del contrario, teniendo que adivinar de dónde fue sacado el contenido de la otra cesta.

El trasiego de la gente entre los estantes impide caer en la sospecha de que farseamos. Las cestas resultan muy disímiles. La mía apunta a una buena cocción de espaguetis que se acompañarán de pasta de tomate, queso y salchichas y un cuarteto de cervezas bien frías para complementar. Ella ha cogido todas las golosinas que le permitió el presupuesto: chocolate con maní, turrón de alicante, sorbetos y una botella de licor. Creo que el juego no termina muy feliz, porque al devolverlo todo a su lugar nos resentimos. Al dejar las golosinas de Vivi, lo sentí mucho y tuve que mirar de reojo mis zapatos mustios, para sobreponerme y no suprimir la expectativa segunda a favor de la última.

—La gente va a pensar que estamos locos. Vamos de una vez a lo de tus zapatos.

Se me ocurrió que aún podíamos asomarnos en las confecciones, ver los equipos de música, los útiles de cocina tan esmaltados, las alfombras lustrosas.

—No quiero ver nada más. Eres un masoquista.

Vivi se puede arrepentir. El gozo que convierte lo vacuo en experiencia sustancial puede alejarme de ella. Tiene la suavidad que permite encontrarle contornos más fluidos a este ambulatorio discurrir del día. Ella es como un lubricante, tal vez como ese licor que en paródico gesto eligió. Si la pudiera meter dentro de mí. Sería imperdonable si se enojara nuevamente.

Sólo quedan rojos; estaba previsto. Siempre ando en jean, jean azul y tenis rojos. Vivi recuerda lo del helado y yo pongo cara de no entender. Se enfada y se precipita al departamento opuesto a la peletería. Mi intención era hacer titubear a su antojo, demorarlo, pero nunca traicionarlo. Pero ya ha entrado en lo que parece ser la juguetería. La veo desde el cristal como se escurre entre la gente.

Después de revisarme el comprobante, entro con la bolsa de compras. El saloncito es pequeño. Contrastan los juguetes en miniatura, pequeños artefactos que ruedan y emiten sonidos.

—Oye, Vivi.

Vivi está lejos de mí. Absorta como un creyente frente al icono. Le paso el brazo por detrás, conciliador, y me susurra:

—¡Viste qué muñeco!

El muñeco tiene la cara mofletuda y pecosa, el pelo de oro ensortijado y un overol azul. Inclinados ante él, nos apaciguamos. Comienzo a sentir ese extraño fervor que ella fue la primera en inducir. Ese muñeco con su cara grácil nos inclina. El licor de cacao con su viscoso contenido, inclinaba. Hoy todo es extraño y nos inclina.

—¿Qué sientes ahora, Vivi?

—No sé, es una pausa muy dulce en la respiración.

Es el fervor que no necesita de una imaginería consagrada para levantarse, pensé. Fervor o ternura; en ese objeto latía una vida silenciosa que con poco parecía despertar.

Al fin, con el helado en las manos, se consumaba un pacto delicioso. Mi madre habría dicho que era una estupidez pagar tres dólares por helado. Ese dinero daría para más arroz y más frijoles, un litro de aceite quizás. Mi madre no sabe que no es el helado, sino la infancia que regresa. La suavísima infancia regresando.

Retornamos por la misma avenida. Llevamos los tenis seguros en el bolso impermeable a la lluvia, que ha comenzado a rociarnos. Pongo un barquillo dentro de otro para que mi mano pueda rozar la espalda de Vivi. Nuestras cabezas se inclinan hacia delante, dejando que las miradas persigan esas hilachas de agua que ya ruedan pavimento abajo.

Sugerencia: Buscando una aproximación a la cara de Vivi, a su manera declinada de gestar una emoción por una cosa menuda, recomiendo en *La procesión en Bretaña*, óleo de Jules Breton, elegir una de las muchachas absortas ante la hilera ancha de monjes que a paso solemne desgastan el camino.

YORDANKA ALMAGUER (Ciudad de La Habana, 1969). Narradora. Ha obtenido premios y menciones en encuentros de talleres literarios a nivel municipal y provincial.

Mediante la desfiguración de la estructura lineal de los conflictos de sus personajes, casi siempre con puntos de referencia que hacen pensar en la propia autora como protagonista, Yordanka parece esgrimir el concepto de que «el mundo es una mierda tan grande que sólo queda el remedio de asquearse o destruirlo, para no ser destruido por él», máxima común en otras literaturas femeninas, tales como la italiana y la escrita por autoras latinas o de origen latino en los Estados Unidos, básicamente. El empleo de una mirada ausente de sentimientos que se limita sólo a exponer lo que el narrador (ese alguien que mira desde afuera y desde adentro al personaje) encuentra a retazos en la historia que lo ocupa, partiendo escenas, avanzando o retrocediendo en el tiempo (aunque lo más importante es el odio con que mira hacia lo que le rodea) hacen de esta joven narradora un caso interesante entre las de más reciente aparición.

HAGIOGRAFÍA

A Kafka

Bahla se pregunta cómo es posible que podamos comer carne. Está sentada en la cocina. La cocina de Bahla es azul, con cocineritos y negritas llenos de entusiasmo, colgados en la pared. El fogón de llama azul no tizna las cazuelas. Hay espacio para muchas personas, por eso nadie la ayuda. No es que Bahla esté preparando los pollos de mi cazuela, es que a la cocina ha entrado uno de color ceniza, picotea los granos de arroz que cayeron al suelo —los machos, las hembras fueron rescatadas.

Bahla tiene horror a las cucarachas kafkianas que entran volando amistosamente por la ventana, o por la puerta, o disfrazadas dentro de algún pan. El caso es que no hay modo de negarles visa y en el suelo hay una enorme. Ja ja, se ríe el pollo cenizo, la cucaracha no puede caminar porque está tirada panza arriba y no logra entender los secretos secreteados por su creador, corre corre que ahí viene el pollo, cucaracha que se duerme, ¿cómo?, ¿qué? La pobre, se lo dijeron, es resistente, pero algo retardada. El ave ceniza clava su pico en su último pedacito de cartón aún sin procesar, ella patalea, ¡ah!, ¿ahora?, el pollo remueve la cabeza de un lado a otro para facilitar el engullimiento, sólo queda la patica trasera izquierda, el ala derecha. Bahla los mira a ambos, pollo-ala izquierda y se pregunta cómo es posible que podamos comer carne.

Esta tarde Bahla va a recibir a un periodista. Ella es una gran actriz, no, mejor dicho, creo que es una excelente artista plástica, de esas que salen mucho por el televisor.

Bahla sale al fin de la cocina. Sonríe pensando en la entrevista cuando se detiene frente al espejo; le gusta su belleza natural, sin cremas ni lápiz de labios, sus manos dando muestra del trabajo, el pelo naturalmente coloreado por el sol. Así es Bahla, sencilla y modesta como... Se prepara, el periodista hará preguntas, sabe que tendrá que responder sobre el miedo.

Bahla, ¿qué es para ti el miedo?

El periodista está nervioso, es su primera vez. Trata de enfocar más originalmente.

— Bahla, ¿has sentido miedo alguna vez?

¿Este tipo será comemierda?

Bahla sabe lo que es el miedo. Ella lo ha sentido a cualquier hora.

Su apartamento está encima de una loma. La loma, como la mayoría de las lomas, está llena de hierbas verdes, sobre todo de una fina y larga que corta dedos indiscretos. A veces Bahla sube la loma a las doce del día; de lejos se ve el edificio tembloroso, las tiñosas —porque el lugar es perfecto para matar vacas robadas y dejar los desechos— se pasean caminando con su cuello rojizo y su calvicie prematura, también se ven temblorosas.

Bahla ha tenido miedo de entrar al edificio. En medio de la escalera puede estar esperándola una de las negritas con una bola de mondongo y tripas en el pico, para ver si le puede hacer el favor de cocinárselo con un poco de ajo, cebolla y una hojita de laurel.

Bahla ha perdido el hilo de lo que estaba contando, machuca un poco de ajo, cebolla y, pero no ha logrado empatarse con Laurel... ni Hardy. El periodista insiste. El miedo. Verdad que era eso. La suerte es que Bahla tiene imaginación. Entonces piensa que el miedo puede ser cuando se demora adrede en la calle, porque le tiene miedo a su casa, son las ocho y ya es oscuro. Está caminando por una carretera laaaarga y oscura que termina en la punta de la loma. No voy a repetir lo de la loma. La carretera es lo suficientemente laaaarga y oscura para que, por el momento, se olvide lo demás. La luz de un lada 1200 la deja ciega hasta que le pasa por el lado. Antes de eso el que maneja viene de

y estará borracho de quien maneja puede venir de una reunión donde lo tronaron porque la verdad es que este mes no pasó la cantidad de dinero suficiente a sus Superiores-chantajistas o a sus Chantajistas-superiores. En una carretera larga y oscura nadie va a fijarse en una mujer de pelo colorado; el tipo que estrena su licencia querrá hacer alarde de maestría vial y Bahla saltar brincar por los aires.

A veces el chofer se detiene y se lleva a Bahla a algún lugar lejano, pero a veces Bahla tiene tanto miedo de llegar a cualquier casa que el chofer ni siente el golpe y sigue bailando.

De todos modos, el lada 1200 pasa de largo encendiendo la luz. Pero en el próximo metro (si fuera calle diría cuadra, pero es una carretera laaaaarga y oscura), la asaltará un violador frustrado que, al no poder violarla, porque es un violador frustrado, sacará su arma blanca y le cortará el cuello. Bahla hubiera preferido que la violara, él la sorprendería por atrás y la navaja sería para asustar, vaya, como un modus excitante, ella gritará, como un modus excitante, pero bajito, alguien podría escucharla y el violador correría. La va a morder, la va a marcar donde todos vean al otro día que le está pegando los tarros al marido. Va a aguantarle duro las manos para que no lo arañe, una, dos, tres galletas que a lo mejor va y le rompen la boca. Todo va a ser muy loco, muy rápido, pero puede repetirse si el violador tiene un buen grado de frustración.

De todos modos, el jabón que Bahla está utilizando le hace daño, y, en el momento en que el violador va a utilizar su cuchilla, sus uñas tratarán de aliviar un ligero escozor en el cuello. La sangre amarilla saldrá juguetona y saltarina de la mano de Bahla. El hombre se irá avergonzado de su doble frustración. Bahla quedará tirada en el suelo, le ha echado a perder la belleza de su mano sana.

Fuera de ahí, Bahla no ha sentido mucho miedo.

— ¿Eres sensible, Bahla?

El periodista se siente más cómodo. Bahla más incómoda y estira las piernas. Se echa aire con la mano, porque en esta casa tan chiquita ni siquiera corre aire, ni hablar del vapor de las cazuelas. Bahla quiere responder la pregunta para que no se le vaya el hilo.

Hace un momentico me dio mucha pena con el pollito que se estaba comiendo la cucaracha.

La semana pasada lloré mucho por un perrito color chocolate, de lo más lindo, tirado en la yerba. Me paré y le pregunté qué le pasaba, me miró sin aire y lo habían acabado de lanzar del último piso del edificio, espérate, tengo la memoria, ¿era un perrito carmelita o un niño de media hora?

Por lo general soy una persona muy, demasiado, sensible, fíjate que la semana que viene voy a chocar por no aplastar una babosa. Me deprime mucho caminar por las hormiguitas, ¿sabes?

Ah, mira, en el 88, cuando me enteré de que mi esposo el historiador había sido devorado por los caníbales...

El periodista no quiere oír esa historia. No la podría publicar; Bahla se entristece y deja de pelar el pollo de la vecina que hace cinco minutos se volvió a colar en la cocina. El periodista aprovecha el descuido y hace una fisura laaaarga y aguda en el cuello sudoroso de Bahla. Hay quien niega eso y dice que lo que pasó fue que Bahla estaba apurada porque recibiría a un periodista, o creo que llegaba su esposo el historiador; necesitaba afeitarse bajo los brazos, pero la olla a presión amenazaba y corrió con la cuchilla segundos antes de que ocurriera una gran explosión y en el techo quedaran pegados los fideos de una suculenta sopa de pollo.

KARLA SUÁREZ RODRÍGUEZ (Ciudad de La Habana, 1969). Narradora. Miembro de la AHS. Ha obtenido, entre otros, el premio Razón de Ser 1997 en el género de novela, y resultó finalista del concurso de cuento La Gaceta de Cuba 1997.

Aunque comparte con algunas de sus colegas promocionales ese afán desintegrador, burlesco, incisivo y hasta destructivo del universo en que se mueven sus personajes e historias, se diferencia del resto por sus acercamientos (siempre bien logrados, por suerte) a situaciones humanas usualmente empleadas por el mal melodrama. Muchos pensamos, y lo hemos dicho, que «Karla siempre nos llega al corazón», y lo hace removiendo (a través de la actuación de sus protagonistas) ese instinto de salvaguardar lo humano que todos poseemos, a veces con métodos violentos y agresivos contra la ética social, a veces con medios cada vez menos usuales en el mundo moderno (amor ideal, pureza de las relaciones sexuales, defensa de la verdad). Por ello, todos sus cuentos se plantean una preocupación ética casi única: el engrandecimiento del género humano mediante el simple, puro y eterno amor.

EL OJO DE LA NOCHE

A Ode y Alfredo, por el motivo.

Porque todo tiene un comienzo y casi siempre uno se empeña en descubrirlo. Es ese obstinado empeño en definir las causas que anteceden a las consecuencias y como no siempre quedan claras o acaso no queremos verlas claras, entonces uno las inventa, las viste, les pone éste u otro nombre, se fijan fechas y todo queda concluido: todo comenzó aquel día.

Todo comenzó el día en que Jorge llegó a casa con el telescopio. Yo siempre he sido de costumbres nocturnas. Me gusta deambular por la casa a oscuras, tantear para sortear los muebles hasta aprenderlo todo de memoria. A Jorge esto no le gusta, pero siempre he sido así, ¿cómo puedo cambiarlo? A él le gusta dormirse sintiendo mi cuerpo junto al suyo. Yo lo complazco y me tiendo a su lado después que hacemos el amor, entonces me pongo a mirar al techo porque sé que el cuento de contar ovejas conmigo no funciona y espero a que se quede dormido porque al final siempre acaba quedándose dormido y puedo levantarme. Es que la noche me fascina, no sé por qué no lo entiende. Por eso me recuesto al balcón a respirar la nada cotidiana que en el silencio de la noche tiene matices diferentes.

Aquel día Jorge se apareció en casa con un telescopio, dijo que un amigo se lo había regalado y como me gustaba tanto la noche podía entretenerme contando estrellas. La idea me gustó. Antes de dormir me sentaba en el balcón a mirar, ciertamente, las estrellas. Jorge se acercaba, colocaba su ojo y decía que me regalaría la que yo quisiera. «No quiero ninguna, mejor déjalas donde están». Entonces se levantaba, «tienes razón, déjalas allá arriba y nosotros vamos a dormir». Vamos a dormir significaba vamos a hacer el amor, y Jorge comenzaba a quitarse las ropas, iba tirándolas en el piso hasta llegar desnudo a la cama desde donde gritaba que se arrepentía de haber traído el aparato, que yo no era astróloga ni iba a descubrir un nuevo cometa y que si quería ver las estrellas, él podía ayudarme. Jorge es así.

Entonces mis madrugadas fueron un tanto diferentes, ya no sólo vagar y asomarme a ver la calle. Con el telescopio podía observar las constelaciones, podía ver el barrio más allá de lo que alcanzaba mi vista. Mi balcón da a una avenida por la que rara vez transitan autos de madrugada. Más allá hay casas y edificios, un parque lleno de faroles rotos, callecitas que se pierden entre árboles. Yo podía verlo todo. Podía descubrir alguna pareja besándose en un parque, algún borracho en la avenida. Me convertí en el fisgón del barrio, el ojo de la noche, y resultaba curioso pensar que en ese momento alguien pudiera estar con otro telescopio mirándome a su vez. Nunca estamos solos, ¿quién puede imaginar que alguien así sigue nuestros pasos? Andar por una madrugada a oscuras, cómplices del silencio y de los astros, sin embargo, en algún sitio, en algún balcón sin luces hay una mujer que nos mira detrás de un ojo de cristal.

Una de esas noches fue cuando lo vi por primera vez. Estaba recorriendo uno de los edificios con la vista, y entonces lo vi fumando recostado al balcón. Un hombre joven, fumando despacio y mirando hacia la avenida como quien no mira nada, como quien espera acabar el cigarro para irse a dormir. Nunca lo había visto, tal vez por la hora, no sé, nunca sé exactamente qué hora es de madrugada, pero no lo había visto y por eso me llamó la atención. Tal vez tendría la misma manía que yo, o tal vez sencillamente había tenido un mal día y no conseguía el sueño, yo qué sé, el ojo de la noche tiene sus límites de alcance. El caso fue que lanzó el cabo del cigarro y continuó recostado, como quien no mira nada, ni espera, simplemente se recuesta al balcón de madrugada, eso es un hecho redondo. Me dediqué a observarlo. Posiblemente seríamos sólo él y yo los testigos de esta noche. Es bueno saberse acompañado en una empresa aunque ésta parezca totalmente absurda. El hombre volvió a fumar. Detrás de su balcón había una puerta y una ventana de cristal con las cortinas abiertas, la habitación a oscuras. No podía descubrir si adentro alguien roncaba como Jorge del lado de acá y en realidad no importaba tanto. El hombre estuvo recostado un buen rato, en ese lapsus fumó tres cigarros y justo al lanzar el último, se incorporó, estiró el cuerpo y entró en la habitación. Bastante aburrido, pensé, aunque en realidad si alguien me estuviera observando resultaría peor de aburrida, así es que me olvidé de los vecinos y continué con las estrellas hasta que el amanecer me lo impidió.

La siguiente noche fue lo mismo. Jorge sudando encima de mi cuerpo y yo acelerando el movimiento para dejarlo exhausto, para que escupiera sus palabras torpes a mi oído, las palabras de siempre y luego la pausa. El suspiro final y Jorge echándose a mi lado boca abajo, murmurando un diminuto «hasta mañana». Minutos de tregua y él dormido para entonces levantarme, beber un poco de agua, contemplarlo en su respiración serena y entonces irme al balcón. El barrio como siempre, tranquilo. Yo espiando detrás de mi ojo de cristal, como Corrieri en *Memorias del subdesarrollo*. Es curioso, uno se pone a mirar y la cabeza se llena de imágenes dispersas. Si pudiera recoger en una cinta todo lo que pasa por mi mente en cada madrugada, escribiría una novela, o un tratado de sociología, o quizás, no sé, uno se pone a pensar tantas cosas. Pensé en el insomne de la noche anterior. Su balcón estaba a oscuras, seguramente dormía como todos, como Jorge que duerme apacible en mi cama. ¿Y por qué en mi cama? Porque es así, desde hace un tiempo es así. Primero eran salidas eventuales, nos veíamos, él se quedaba en casa algunas noches, cada vez más seguido, un día traía un pantalón, otro dejaba una camisa, y así, la casa se fue llenando de Jorge que duerme mientras yo pienso mirando las ventanas del lado de allá.

En una de esas descubrí una luz que se encendía en el edificio. Un acontecimiento en la madrugada y el apartamento del hombre de la noche anterior estaba dentro de mi ojo. Las cortinas de la ventana permanecían abiertas. Cuando se tiene algo que ocultar uno se cuida de cerrar las ventanas, pero él no. No sospechaba mi presencia. Entró seguido de una mujer, una flaca de pelo largo que sonreía todo el tiempo. Un hombre y una mujer en la intimidad con entrada libre a los curiosos. Si Jorge se despertaba iba a acusarme de pervertida o quién sabe si me arrebataría el telescopio, nunca se sabe las cosas que pasan por la mente ajena.

A mí me resultó atractiva la idea de seguir mirando y vi como la flaca se quitaba la ropa mientras él bebía de la botella que traía en la mano. Nunca he visto una película pornográfica, ¿y por qué no?, estaba en mi casa y si ellos no querían ser vistos bastaba con correr las cortinas. Claro, que su apartamento no quedaba cerca de ninguno y tal vez por eso..., pero yo tenía un telescopio y ciertamente la calle no me ofrecía nada interesante. Ella se tiró en la cama y dejó de ser visible; él se quitó la camisa, encendió una pequeña lámpara y apagó la luz. Prohibido para curiosos. El apartamento convertido en una luz muy tenue donde seguramente un hombre y una mujer hacían el amor como Jorge y yo antes de que Jorge se duerma. Pasó un buen rato, no sabría definir cuánto, hasta que lo vi levantarse, bebió nuevamente de la botella, se puso un short y fue a fumar al balcón. Exactamente igual que la noche anterior, mirando la nada de las calles. Seguramente la mujer dormiría y él, insomne como yo. ¿Un alma gemela? No tanto, sólo un hombre fumando después del sexo, y otro cigarro más. ¿Qué pensaría si me supiera observándolo? No sé, él fumaba, botaba el cabo y al rato encendía otro cigarro, mirando las calles como yo de madrugada. Me gustaría saber qué piensan los demás cuando se quedan callados, fumando en solitario. Jorge nunca hace esas cosas. Estamos juntos en las noches, solamente en las noches. Conversamos algo, él cuenta cosas, dice que está cansado y aburrido, yo lo escucho. En realidad no estamos enamorados, no vivimos juntos, su ropa en casa no significa para nada que vivamos juntos. Pero estamos aquí la mayoría de las noches haciendo el amor hasta que me da la espalda y se queda dormido. ¿Por qué siempre se dice hacer el amor? Hay otras formas de decirlo, claro, pero no me gustan. ¿Estará haciendo el amor el hombre de enfrente? Yo qué sé. El hombre de enfrente fumó unos cuantos cigarros y se fue a la cama, apagó la luz y no ocurrió nada más en toda la noche.

Una semana después estaba más que convencida de que el hombre de enfrente padecía de insomnio y además no hacía el amor, porque no se puede estar enamorado cada noche de una mujer distinta. Su rutina era un círculo cerrado: una mujer, la lamparita del cuarto y un rato después a fumar al balcón, como cada madrugada. Era exacto, cigarro tras cigarro que lanzaba a la calle mientras la mujer dormía como Jorge. Pensé que quizás sería interesante llegar a su casa en la mañana y convidarlo a que pasáramos la noche juntos, conversando, ya que carecíamos de sueño. Hasta podría mostrarle mi telescopio y encontraríamos juntos una nueva estrella. Una idea tonta, claro, porque cuando uno escoge la madrugada para recostarse al balcón es porque quiere estar solo, y la evidencia de alguien espiando, alguien husmeando en nuestra intimidad, es inadmisible. Pero ese hombre, no sé, me resultaba extraño. ¿Era un Don Juan? ¿Un conquistador noctámbulo? Entonces, ¿por qué esa manía de fumar y fumar callado, ponerse a mirar la calle como si la calle le aplaudiera las conquistas, esa cara cansada y la falta de sueño? No sé, los hombres no soportan estar solos. Él llenaba sus noches de mujeres, y luego, ¿qué? ¿Qué nos cura del gusto del vacío? Uno se recuesta al balcón y es cuando de repente todas las verdades se escapan de las máscaras. La noche es el gran espejo. Uno se empeña en construir el todo con remiendos, como partes de un mosaico infinito, pero algo sucede cuando estos subterfugios se convierten en bufones burlándose de nosotros. ¿Qué hacía Jorge en mi cama? Además de dormir, darme la espalda y dormir después de haber sudado, llenarme de palabras torpes que no necesitaba decir porque ya no hace falta, no hace falta mentir, yo no te amo, sabes que no te amo ni tú tampoco, pero Jorge duerme en mi cama y ronca y antes de irse a trabajar desayunamos juntos y luego regresa y es otra noche y otra noche más, yo ante el ojo de cristal viendo como el de enfrente fuma, hace el amor y fuma, se recuesta al balcón y pasa sus manos por la cara mientras tira el cabo hacia la calle. En una de ésas coloca el cabo en el balcón y se lanza él a ver si algo sucede, como yo, esperando cada noche que algo distinto suceda, un algo diferente que no sea Jorge boca abajo en mi cama y luego preguntando en el desayuno, «¿cómo van los astros?», ¿y qué te importan los astros?, ¿qué te importo yo?, ¿acaso él me importa en algo?, no sé, pero sigue en mi cama como cada noche, como las mujeres del apartamento de enfrente y, ¿acaso no será lo mismo? Él al menos cambia de rostro y quién sabe si en una de ésas...

Todo continuó igual. Cada noche me apartaba más pronto del lado de Jorge para irme al balcón. Él comenzó a molestarse preguntando qué tanto hacía yo en las madrugadas y protestando cuando le inventaba alguna excusa para no hacer el amor. Las mujeres tenemos excusas formidables y los hombres las creen. Tonto Jorge que al final me daba la espalda y se quedaba dormido, como siempre. Y entonces podía irme ante el ojo de la noche a esperar que se encendiera la lámpara del apartamento de enfrente.

Una noche ocurrió el milagro. Mi vecino encendió la luz seguido por una nueva mujer. Ella entró, tiró la cartera y dio varias vueltas por la habitación, mirando los adornos, comentando cosas inalcanzables para mis oídos. Él se acercó a la cama, encendió la lamparita y se fue a apagar la luz, en el mismo instante en que la mujer dio la vuelta y se fue hacia el balcón. Mi vecino la siguió y ambos se recostaron a la reja a conversar. Era singular, aquella mujer reía y hablaba todo el tiempo. Él la miraba y sonreía. Pensé que seguramente estaría harto de tantas palabras. Estaría deseoso, como cada noche, de irse a la cama para luego dejarla dormida y correr al balcón, pero no parecía incómodo. Ciertamente, no parecía molesto ni esquivo, como yo horas antes, cuando Jorge me besaba, cuando apretaba mi espalda y mis manos aprisionaban sin fuerzas, mis ojos miraban al techo y luego me apartaba, «estoy muerta de sueño», para que Jorge dejara de abrazarme, «claro, si te pasas la madrugada comiendo mierda con el estúpido telescopio», se diera vuelta y a roncar. El hombre no parecía fastidiado, fumaba y escuchaba a la mujer que siempre sonreía y a veces se quedaba seria, suspiraba y luego comenzaba a hablar. ¿De qué estarían conversando? No sé, mi telescopio es sólo un ojo mágico, no basta ver para estar adentro. Es como cuando él queda callado, lo veo fumar, mirar las calles, pero nada sé de su interior, no sé qué pasa. Lo único que verdaderamente podría definir es que me molestaba, o, quizás no sé la palabra, me daba un qué sé yo verlos ahí horas y horas conversando, mientras este estúpido de cada noche dormía en mi cama, a ratos tosía y entonces era cuando percibía su presencia. Sí, porque si Jorge no hiciera ruido en toda la noche, entonces podría afirmarme categóricamente sola, pero Jorge roncaba y tosía. Físicamente no estaba sola; físicamente había dos cuerpos en mi apartamento, ocupando cada cual su espacio, pero, ¿habría en verdad algún momento en que nuestros espacios coincidieran más que en el momento justo que separa el «vamos a dormir» de Jorge y su quedarse dormido? Ciertamente no. NO. NO. NO. ¿Qué hacía entonces allí cada noche mientras yo hurgaba en la madrugada de los apartamentos de enfrente, del apartamento donde el hombre y la mujer continuaban charlando y era lindo? A ratos él decía algo y le pasaba la mano por el rostro apartándole el pelo de la cara, era tan tierno... Parecía que me habían cambiado de vecino, pero era el mismo, mi telescopio lo conocía perfectamente. Ellos conversando. Yo, la espía, el ojo delator en la alianza de los que se hablan muy bajito, a ratos quedan callados y se examinan descubriendo cada espacio de silencio, cada agujero imperceptible por donde colarse y sentirse así, mero conquistador, ganador de territorios por derecho propio, por los cientos de minutos que hacen horas hasta que empezaron a cantar los gallos —los gallos cantan mucho antes del amanecer, eso Jorge no lo sabe porque no es insomne. Ella estiró su cuerpo, él dijo algo y caminaron hacia la puerta. Permanecieron adentro unos minutos, alguien apagó la luz de la lamparita y él reapareció en la puerta, pero esta vez distinto. No se recostó al balcón a fumar y mirar la calle que ya debe saberse de memoria. Se recostó a la puerta, mirando hacia adentro, hacia el lugar en que yo sé que está la cama. Me hubiera gustado hacer lo mismo. Me hubiera gustado abandonar mi posición, estirar un poco la espalda y mirar hacia adentro, pero no tendría sentido. Adentro sólo iba a encontrar a Jorge, tendido boca abajo a un lado de mi cama, horas antes de despertar y pedir el desayuno. Por eso, preferí quedarme allí, a pesar de que mi cuerpo comenzaba a estar molesto. Preferí quedarme allí para ver cómo él dejaba de mirarla y se sentaba en el piso del balcón, frente a mí, recostando la cabeza a la pared y sonriendo, sin fumar, sin nada de lo común que tanto le conocemos él y yo. Y de repente. De repente la figura de la mujer reflejada en el marco de la puerta, una mujer descalza, con el pelo suelto y un pulóver, quien caminó hacia el hombre sentado, se agachó y quedaron mirándose largamente, yo lo sé. No importa que la espalda de ella se interpusiera en mi mira. No importa que no viera la cara de él cuando ella le acariciaba el rostro, cuando se sentaba con los brazos extendidos y las manos del hombre aparecían en su pelo. Ya no importaba ver, no importaba mi ojo telescópico ni mi carencia de audífonos para escuchar lo que quizás no necesitaran decirse. Él la acercó hacia sí y supe que se besaban, que entre la amenaza del amanecer y el despido de la noche ellos se besaban sin importar que yo mirara desde acá. Yo, ¿qué era?, ¿qué podía determinar? Nada, absolutamente nada, conclusivamente nada. Yo era la espectadora que se seca tímidamente las lágrimas mientras el encargado del proyector recoge las cintas. No era nada, por eso se besaron, él la abrazó muy fuerte y quedaron así, intactos y felices como se es gracias al milagro de la fotografía, pero sin cámara y sin película. No un instante que enmarcas y colocas en la pared sino el precipicio por donde desciendes, como descendían sus dedos en la espalda de ella, y yo era tan feliz; curiosamente era feliz de verlos a los dos: ella recostándose sobre él y yo viendo sus rostros, sonriendo, él besándole la oreja mientras la mujer se estremecía y viraba la cabeza para besarlo y quedarse así, tan quietos, murmurando cosas al oído para esperar el alba, asistir juntos al alba mientras Jorge dormía. Jorge tan tonto; quien no es capaz de presenciar un nacimiento, no puede comprender nada. Y yo asistí al nacimiento. Estuve cuando el cielo empezó a clarear y los gorriones salieron de sus nidos y ellos se levantaron del piso, se abrazaron. Él estiró el cuerpo y colocó las manos encima de la reja del balcón para gritarle algo al día que empezaba mientras ella lo miraba con ternura, recostada a la pared. Luego volvieron a abrazarse, él la tomó por la espalda y caminaron hacia adentro, fueron perdiéndose, corrieron las cortinas alejándose de mí, de mi ojo de cristal lleno de la luz de la mañana, sin la tenue lamparita. Me quedé en el balcón sorprendida por el amanecer, sin estrellas cómplices en mi afán de profanar espacios ajenos, sin el hombre y la mujer que estarían tendidos en la cama, no sé si haciendo el amor, tal vez durmiendo, qué importa, pero él no volvió a levantarse, no volvió al balcón a fumar como al final de cada madrugada. Me dejó sola esperando su regreso: Me dejó sola como estoy. Sola. Unos momentos sola y ya no hacía falta el ojo de la noche para descubrir los carros que comenzaban a transitar por la avenida, los viejitos sacando a sus perros a orinar, los despertadores sonando, los radios anunciando las noticias matutinas y Jorge revolviéndose en la cama.

Cuando Jorge se levantó, yo aún estaba afuera.

—Oye, tú deberías buscarte una contratica de guardia nocturna, sería la perfecta, estás más loca, ve preparando el desayuno, anda.

Se metió en el baño y continué en el balcón. Al rato salió con los pantalones puestos y la toalla colgando del hombro.

—¿Pero todavía estás ahí? Mijita, se ve que tú no tienes que trabajar temprano, ¿preparaste el desayuno?

Me recosté a la puerta y lo miré mientras se ponía los zapatos.

—Vete, Jorge.

Él siguió con los zapatos.

—Claro, me voy a trabajar, dale, prepara el desayuno, anda, para que te acuestes a dormir, tienes una ojeras...

—No, Jorge, vete, quiero que te vayas.

Levantó la vista de mala gana.

—¿Qué te pasa, mijita?

—Que quiero que te vayas, que lo recojas todo y no vuelvas, que te vayas.

Jorge se incorporó y me miró con una semisonrisa.

— ¿Qué pasa? ¿Las estrellas te están afectando la cabeza o qué?

—Las estrellas no me afectan nada. Me afecta que estés aquí y por eso quiero que te vayas.

Él se pasó las manos por la cabeza, suspiró y se levantó caminando hacia mí con los brazos abiertos.

—Vamos a ver, ¿qué le pasa a mi astróloga?, ¿estás muy cansada?

Esquivé su cuerpo.

—Estoy cansada, Jorge ; de ti, y además, no soy astróloga.

Él se detuvo y me miró.

—¿Qué es esto, chica? ¿Tú estás hablando en serio?

—Sí. Estoy hablando muy en serio. Quiero que te vayas, que lo recojas todo y me dejes sola, que te vayas, Jorge, quiero que te vayas.

—¿Pero por qué?

Jorge comenzó a impacientarse; en cambio, yo estaba sedada como el amanecer. Me senté en la cama mientras él continuaba de pie a medio vestir.

—Dame una razón, Jorge; dame una sola razón para que tú y yo estemos juntos.

Levantó la cabeza mirando las paredes, hizo una mueca con la boca y entonces dio unos pasos apresurados para alcanzar la camisa.

—Mira, chica, son las siete de la mañana para que me vengas con esa historia. Yo me voy a trabajar, luego hablamos, ¿ok?

—Luego no, luego no tenemos nada que hablar y ahora tampoco, por eso es que quiero que te vayas.

Me miró ofendido y rabioso y alzó la voz.

—¿Pero tú de verdad quieres que yo me vaya?

—Dame una razón para no hacerlo.

Él se detuvo unos segundos mirándome con odio, luego fue aflojando el rostro lentamente, ya sin mirarme, perdido en qué sé yo dentro de su cabeza.

—No sé, una razón, no sé...

—Entonces vete.

Me levanté y volví a la puerta del balcón a observar la mañana que empezaba a llenarse de gente. A mis espaldas sentía la frialdad de sus ojos clavados en mí.

—Chica, pues pal carajo —comenzó a caminar de prisa y abrió el ropero—; de mejores lugares me han botado, pero cuando yo me voy, me voy completo, ¿oíste?

No tenía que responder, no hacía falta. Seguía allí parada dándole la espalda, mirando cómo las cortinas del apartamento de enfrente continuaban cerradas mientras del lado de acá Jorge murmuraba palabras y no hacía falta verlo. Sabía perfectamente que tiraba sus ropas en el maletín, buscaba algo en el baño y luego regresaba y cerraba el zíper con furia.

—¿Me oíste? Por eso estás tan jodida. No hay quien soporte a una mujer que se pase la noche despierta. La noche se hizo para dormir y para templar, ¿oíste? Sigue así, que te vas a joder más de lo que estás, por eso me voy pal carajo de aquí.

Le di la espalda al balcón de mi vecino y miré a Jorge con el maletín en la mano.

— Se te queda esto —señalé al telescopio—; es tuyo.

—Quédatelo, yo para qué quiero esa mierda , voy echando.

Jorge salió del cuarto dando un portazo a lo *Casa de muñecas*. No quiso llevarse el telescopio. Pensó que no le hacía falta y quizás tenía razón. Ciertamente, a él no le hacía falta, pero a mí tampoco. Ya no lo necesitaba más. En las noches siguientes las cortinas del apartamento de enfrente no estuvieron más abiertas. Yo percibía la luz encenderse y apagarse, pero ya sin el ojo de cristal. Me paraba un rato en el balcón a ver las calles, el parque lleno de árboles, la avenida sin autos, y sabía que del lado de allá alguna luz se encendería para luego apagarse, así toda la noche, aunque yo ya no fuera la fisgona, aunque ya no estuviera en el balcón para enterarme de todo. Yo lo sabía. Sabía perfectamente que mi vecino no se iría a fumar y a lanzar los cabos a la calle. Ya no le hacía falta. Por eso cerraba los ojos, sonreía y me dormía, mientras en el balcón el ojo de la noche continuaba solo, espiando el nacimiento de la mañana.

ANNA LIDIA VEGA SEROVA (Leningrado, 1968). Narradora. Miembro de la AHS. Premio Ada Elba Pérez de Cuento 1996, premio especial de la AHS en el concurso David 1996, Premio David de cuento en 1997 y finalista del concurso de cuento La Gaceta de Cuba 1998. Ha publicado *Bad Painting* (cuentos, Editorial Unión, 1998).

Es categórica, dramática, drásticamente agresiva. Todas sus historias, hasta aquellas donde aparece un soplo (sólo un soplo) de esperanza, parecen agredir la realidad. No hay en su narrativa esas situaciones que algunos críticos llaman «conflictos circunstanciales»: los enormes dramas, los grandes desgarramientos existenciales de sus personajes son parte de un proceso que estallará sólo a la hora en que está ocurriendo el cuento, pero que ha venido sucediendo (y eso la autora lo va desgranando lenta, pausada, sigilosamente) desde ese momento que la narración no toca. La sequedad de su lenguaje busca la creación de un ambiente, una atmósfera reseca, chispeante, ácida. Si a todo esto se une la perfección con que se introduce en la psicología de los protagonistas de sus historias (los actuantes secundarios sólo —y es uso frecuente en ella— son empleados como una lejana, muy lejana pero siempre trascendental referencia), se la puede considerar como una de las pocas que ya, pese a su corta edad, posee eso que algunos llaman «estilo propio».

NATURALEZA MUERTA CON HIERBA

Yo nunca antes estuve tan locamente libre.

Me llevan los vientos al dédalo de mi pasado, al país de los fantasmas. Andan por ahí animales peludos, aletean pájaros con ojos plateados, algo aúlla y suenan las campanas. Pero hoy el día entero lluvia, lluvia, lluvia, y yo tomo té, té y té, y mi perro lanudo me mira con ojos hambrientos (bueno, el perro yo lo inventé). Se puede llamar a alguien o ir de visita o simplemente ir a pasear descalza, porque así es más cómodo, y sin ropa también, porque es más cómodo, pero de todas formas es mejor quedarse en casa (bueno, la casa yo también la inventé). Lo único que me falta es la soga, porque al jorobado lo endereza la tumba. Recuerdo que hubo una, pero fui con ella al Arbat y allí me encontré con el viejito de bigotes bajo el papelito: "Sicoanalítico. Doy consejos para todos los problemas de la vida". Después resultó ser matón a sueldo, pero eso no importa. Lo importante es que me dio una buena sacudida, fingiendo ser a veces un viejo y enfermo payaso, a veces mago negro, así que por la mañana mi techo voló definitivamente, llevado por el viento del marasmo. Pero como dijo alguien, la mujer no debe tener techo, la mujer debe ser como una flor: los hombros se estiran hacia las caderas, las caderas se estiran hacia el cuello, y en vez de techo, un poste de luz. Llegué yo con un poste de ésos al grupo en Odintzovo. ¡Qué tiempo tan alegre fue aquél! Una hermana trabajaba, la otra sufría, andaba el Mesías con su voz metálica y los pies podridos, abrazando a su novia invisible, venía una estúpida epiléptica, otra estúpida que se fue del marido con el niño, venía el flautista freudiano con el Elefante de Jarkov, *fumábamos* hierba, una que otra gente más. Por las noches hacíamos muñequitos de masa de cerámica, tomábamos té, hablábamos sobre el sentido de la vida, de vez en cuando íbamos al Arbat a vender los muñequitos, de vez en cuando íbamos a la tusovka a visitar a nuestras madres y padres hippies, *fumábamos*.

El Poeta decía que el sistema ha degenerado, que los viejos se esconden en las casas y en la tusovka sólo quedan los pioneros, pero el Poeta apareció después con otro poeta, que primero sedujo a la hermana que trabajaba, después a la estúpida con el niño, al tiempo que la hermana que sufría, sufría más todavía porque nadie la seducía, y el Mesías que fue el que trajo al Poeta con el otro poeta me acusaba de romper intuiciones y yo alumbraba porque aún no tenía techo, oía a Bach por las noches, hasta que el Poeta me llevó a Kiev, a casa de la mujer que lo crió, que se creía miss Universo y vivía con su hija, prostituta en potencia, y mamá Nesia. Mentira, Nesia vivía en casa, no de la que se creía, sino de la hermana del Poeta, donde yo me instalé cuando el Poeta me regaló el crisantemo. El problema no está en el crisantemo, sino en que el Poeta volvió con su mujer, que no es su mujer, la mujer de él vive en Lvov con el niño. De Lvov yo tengo los mejores recuerdos. Llegamos ahí de noche, yo y mi querido, que le quité a un idiota homosexual porque aquél no quería resolverme el matrimonio ficticio con registro de dirección, y nosotros nos instalamos en su propia casa y él nos atendía, porque yo crónicamente no trabajaba y mi querido no trabajaba por la edad y lo pasábamos muy alegre en el círculo de amigos: la diletante que se fue del marido alcohólico, que llamaba todas las noches, las estudiantes de sicología que se tambaleaba entre el monstruo que decía que es de sangre azul y la diletante decía que es de sangre de urea y un burguesito de ojos violeta, también estaba el gordo con labios babosos, tratando de elaborar una nueva teoría filosófica; bebíamos mucho, hablábamos mucho por las noches, por los días nos dolía mucho la cabeza, por alguna razón todos escribíamos poesía, menos mi escolar al que yo cambié por un anterior matrimonio ficticio con registro de dirección y al que fue que se fue la diletante del alcohólico; y cuando todos se enfermaron de manía de autostop, el gordo se fue con el anterior matrimonio ficticio a Peter, después la estudiante de sicología con el burguesito no sé a dónde, después yo con la diletante a Peter y Tartu, pero a Tartu no llegamos, porque llegamos a Tallin, y de ahí a Riga, donde de mala manera nos trabajaron los nazis letones, y al fin, yo con mi escolar por el pequeño anillo: Moscú, Peter, Tallin, Tartu, Riga, Vilnius, Minsk, Lvov, Moscú. ¡Qué alegre lo pasamos! Tanto que al regresar nos separamos, pero eso fue después de mi matrimonio ficticio, sin registro de dirección, porque la mamá de mi marido, que es bailarina del Bolshoi, se olió que yo no trabajo en la fábrica textil de Kalinin, donde me metió la periodista amiga de otra periodista, en casa de la que yo viví cuando el poeta pintor al que vine a Moscú resultó ser esquizofrénico. Fue en su casa donde yo conocí a la diletante y ella me presentó al idiota homosexual que me prometió el matrimonio ficticio con registro de dirección y a la casa del que yo iba todos los fines de semana de Kalinin cuando la periodista se negó a recibirme más. Claro que yo no estoy molesta con ella, porque cuando la estudiante de sicología que yo conocí antes de que ella fuera estudiante de sicología me trajo a su casa, ella no me pidió dinero ni documentos y yo lo pasaba de lo más alegre en su apartamento de dos cuartos con teléfono, por el que de vez en cuando llamaba a la diletante, al poeta pintor y a dos cantantes de ópera por los que empezó todo cuando yo estaba en Moscú de vacaciones y en el metro esperaba a un tipo que me había invitado a ir al Bolshoi y ellos me invitaron a ir al concierto de Ptichkin y pasamos una noche maravillosa en el taller del poeta esquizofrénico al que conocí medio año después al llegar a Moscú con una maleta enorme a las seis de la mañana y lo llamé porque los cantantes de ópera me habían dado su teléfono. Después él me convencía de que yo misma tengo la culpa de que él no me acomodó, porque cuando yo le conté a la diletante que conocí en su taller dónde vivía y que en aquel tiempo todavía estaba con el alcohólico que era el que era amigo del esquizofrénico, cuando yo le conté que voy a trabajar en un club de no sé qué y por la plantilla de limpiapisos, ella me explicó que eso son cosas oscuras y yo me negué de los servicios del poeta pintor, por lo que el me llamaba estúpida y mercantil en su conversación con el monstruo que decía ser de sangre azul y con el que finalmente se quedó la estudiante de sicología, que fue la que me llevó a casa de la periodista, y ella a través de otra periodista me encontró trabajo en la fábrica textil de Kalinin, de donde yo me fui seis meses después, escribiendo una explicación en un papel para estar con el anterior matrimonio ficticio, al que más tarde se fue la diletante del alcohólico. Pero como la madre de mi marido ficticio actual me cortó todos los caminos al registro de dirección y como yo me separé de mi escolar que trajo como consecuencia enfriamiento por parte del idiota homosexual y mi salida de su casa, donde ya vivía la diletante con mi anterior matrimonio ficticio, y en el pasado quedaron las noches en casa del monstruo y algunas otras casas, yo tuve suerte y me quedé a vivir en casa de una budista que es muy cristiana y muy hippie y creo que es la más loca de todos los locos anteriores. ¡Qué alegre se vivía en su casa! Sobre todo cuando no teníamos nada que comer y hacíamos ayuno medicinal con fines de limpiar el cuerpo y el espíritu. Y cuando llegó la bruja de Peter y empezó a hacer sus bioenergéticas cositas y la casa se llenó de todos esos extrasensos, magos, budistas que empezaron forzadamente a meditar y bailar tai-chi, yo salí disparada como un cohete con el primero que quiso sacarme que resultó ser un viejo hippie que dos veces intentó pasar la frontera y estuvo dos veces en el manicomio por eso, pero él no me cuadró y yo cogí una soga en su balcón y me fui para el Arbat. Yo tengo los mejores recuerdos del Arbat. Ahí me sentaba cuando no tenía a dónde ir, ahí conocí gente maravillosa, ahí me encontré con el viejo debajo del papelito, ahí vendía mis muñequitos de masa de cerámica, sola y con el Poeta, que fue el que me llevó a Kiev y me dejó al cuidado de la mujer que se creía miss Universo y mamá Nesia. A mamá Nesia la llamaban así no porque fuera tan horrible como yo pensé, sino porque su apellido comenzaba así, y además ella me ayudó muchísimo cuando el Poeta me regaló el crisantemo. La cosa no está en el crisantemo, lo que pasó fue que la mujer que crió al Poeta se puso celosa y mamá Nesia me llevó a vivir a casa de la hermana del Poeta donde además vivían la hija de ella y el gato Mañka. ¡Qué alegre la pasamos! Sobre todo cuando apareció una anormal que me dijo que mamá Nesia era bruja y nos fuimos a vivir a casa de su amiga hasta que llegó el marido y nos botó, y nos fuimos a vivir a casa de un enamorado mío, melómano y alcohólico, hasta que él me hastió, y decidimos irnos para un convento donde por poco me viola una monja, y yo llamé a Moscú a casa del monstruo, él con engaños me llevó a casa de mi mamá, que sufría muchísimo, pero yo no tengo la culpa porque si ella no hubiera tratado de educarme como una superniña yo al llegar a Odessa después del octavo grado no tomaría vodka y estudiaría historia del arte. Pero es que nunca antes había visto qué alegre se puede vivir, y aunque todo en Odessa acabó en un manicomio porque yo quería cortarme las venas, yo no lamento nada, porque pude ver el mundo detrás de los telones, donde andan animales peludos, aletean pájaros con ojos plateados, algo aúlla y suenan las campanas.

YAMILET GARCÍA ZAMORA (Ciudad de La Habana, 1965). Narradora. Miembro de la AHS. Ha obtenido, entre otros, el Premio Nacional de los Talleres Literarios 1995 y recomendación para su publicación en el concurso de literatura policial Aniversario del Triunfo de la Revolución del MININT de ese mismo año.

Todas y cada una de sus piezas narrativas, generalmente cortas, se plantean interrogantes sobre el accionar de la mujer en una sociedad cambiante, casi siempre sin salidas, sin esperanzas, sin soluciones, por lo menos aparentes, para el asunto «emancipación de la mujer». Prefiere, técnicamente hablando, dirigir el lenguaje hacia las zonas claves del conflicto, sean personajes, situaciones o atmósferas, y es muy difícil encontrar desvíos de la narración, como sí sucede en algunas narradoras de su edad; de ahí la cortedad de sus escritos y la diversidad dramática de sus creaciones (puramente accionales si se dirigen a conflictos exteriores del personaje, filosófico-poéticos cuando se refieren al «yo interior», detalladamente descriptivos si tienen que ver con el ambiente, la atmósfera, el entorno, etcétera).

ESPIRAL

Una niña de pelo nevado se sienta a desenredar la madeja. Lejos, la madre grita que no ensucie el vestido y su propia hija llora porque juegue con ella. Pero el balbuceo de los papeles no logra sacarla del ensimismamiento. Insinúa una sonrisa y lanza besos a un rostro cadavérico, ya que le declara su amor mientras el malecón dibuja burlonas figuras: era la premonición fatal. La adolescente de ojos ofendidos llora por un dolor que constituye barrera en su universo. El teléfono vomita una voluta algo vital y estertora calladamente un grupo de anhelos. La mujer que retoza con su muñeca penetra en lo prohibido con una saciedad virgen de pudores. Las sábanas no ocultan el crimen y la selva colma los gritos. Ahora la luz se torna sanguinolenta mientras leves estremecimientos anuncian que ha concluido la última etapa del viaje y la nave ha llegado a su destino. La muñeca desafía las calles trastocadas de fulgores mientras la mujer decide una fuga, insaciable con lo descubierto. La madre grita iniquidades mientras su hija presenta un caballero vestido de serenatas. Lo marginado ha perdido su halo de tesoro y la niña mujer rompe a dentelladas el corazón. Se sumerge en un cataléptico contexto de una integral helada y decide no construir jamás lo que sus sueños establecen.

El pelo nevado de la niña cae a borbotones sobre los brazos de su hija que vuelve al germen buscando apoyo. La espiral recurva con violencia y la mujer niña se desdobla en la niña anciana, convertida en saciedad de dolores. Promulga esperanzas que ella misma destrozó una mañana. Llora de nuevo recuerdos y vuelve a vibrar por el abandono de la nada. Las columnas se volatilizan ante la coraza que impone el dolor ajeno —su propio dolor. Pero todo es diferente y la hija decide, a la postre, abandonar los labios llenos de esperanza para volver a los brazos de quien, a pesar de todo, la llama. La niña de pelo nevado observa a su hija que no se doblega. Esa adolescente no tiene ojos sucios, no derrumba su ámbito. El caballero vestido de serenata no exige novedades. La niña de pelo nevado rompe con lo establecido: su hija vuelve a ser niña, vuelve a retozar con los juguetes, convertida ya en una mujer que no olvida el instante sorpresivo de la entrega.

La niña de pelo nevado aleja a la madre y acerca a la hija. Quema distancias, rompe papeles, sepulta recuerdos y decide abrir el ataúd. La muñeca sonríe y la niña anciana comprende, al fin, que la espiral ha variado su destino.

ELVIRA RODRÍGUEZ PUERTO (Ciudad de La Habana, 1964). Poeta y narradora. Miembro de la AHS. Ha obtenido numerosas menciones en los concursos Luis Rogelio Nogueras (poesía, 1995, 96 y 97), Revolución y Cultura (poesía, 1996) y el premio Pinos Nuevos, 1997.

Sin dudas, ya lo ha demostrado, es poeta, y el signo de la buena poesía también marca sus cuentos. No pierde tiempo en floreos lingüísticos, artimañas técnicas ni asuntos de la periferia en la historia. La extrema síntesis poética asumida para la recreación de sus asuntos en narrativa, la categorización de personajes-símbolos, la imbricación de situaciones límites de la más cercana cotidianidad y un lenguaje directamente dirigido a la creación de un clímax, convierten sus piezas narrativas en pequeñas joyas que sólo pueden ser entendidas si se atiende a todas las huellas que va dejando en el camino de la escritura.

TEJIDOS ROTOS

El hombre que cargaba los cubos de agua no tenía ningún encanto. Llevaba las extremidades enjutas, y una marca de herida sobre el vientre. Algunos dientes partidos.

Una vez sintió pena de ella. De Alp(a), y miraba su puerta. La rozaba. Pasó una y otra vez frente a su puerta. Quitó el taco de papel que cubría la mira de su puerta, pero no la veía, sólo inhalaba el perfume de su cuerpo traído de no sé qué Francia. Hizo muchos ruidos para importarle y los vecinos lo ofendían. Ella siempre estaba. Vivía sola y silente en los cuartos más grandes del pasillo, donde escribía cartas de amor y de peleas a un marido inventado y extranjero. Era feliz. Nadie la había querido tanto como su marido extranjero.

Alp(a) lloraba por sus muertos y hablaba con ellos antes de acostarse, arrodillada sobre el piso de mármol frío y delante de su cama. Ella les pedía que vinieran para ayudarla —tan sólo un poco—, imploraba. Colocaba sobre su escaparate vasos completos de agua para ellos y se vaciaban. Ellos no venían y ella golpeaba su cabeza en las paredes.

Ella tenía muchos amigos, prefería los amigos y no las amigas. Los amigos gustaban de su cara-cuerpo, y las amigas gustaban de las caras-cuerpos de sus amigos. Los amigos fuertes fueron desapareciendo desde el mismo día en que alguien inventó pagar para que se robaran el motor del agua. Entonces pensó en él. Recordaba cómo escuchaba sus carcajadas salidas del otro cuarto-pasillero. Intentó hablarle en otro cuarto sobre su cuarto. Él tenía mucha peste de tragos en la boca y Alp(a) lo espantó con sus manos, como cuando se espanta alguna peste. Ella no gustaba de las pestes salidas de algún lado de la boca:

«Tuvo un hombre que ella seguía por las calles. Fueron muy felices. Él le rompía una ropa por semana sobre su cuerpo, y robaba otras nuevas que volvería a romper sobre su cuerpo. Él la complacía, ellos gritaban cuando rompían las ropas, y los vecinos aguzaban los oídos tras la puerta, y llamaban al hombre de las extremidades enjutas. Ella retiraba el taco de papel de la mira de su puerta, y él vino una vez única con peste de grasa de otra cara. Alp(a) lo invitó a comer a la luz de la cera y totalmente desnudos. Con la cera, quitó las pestes de su cara y él no volvió a las calles donde ella lo seguía»; desde entonces escogió *su* soledad —la soledad es mía, pero un hombre es siempre necesario— decía menudamente; hay misterios de hombres a los que ella nunca se atrevería. Hablaba de tocar con sus manos en lugares de las otras. Por eso acudió a donde él.

Tenía algún dinero enviado por el marido extranjero. Vendría más dinero. Ella sabía cuándo un hombre habla de favores a una mujer sola y de puertas cerradas. Por eso tomó aire y apretó las nalgas, abrió las rejas de su casa. Alp(a) soñaba con el amigo-marido-extranjero. Se venía, se retorcía cada noche, y cada día, y despertaba. Sólo veía su cara -cuerpo-desaliñado: maloliente. Entonces le picaba la pelvis, adentro y afuera, en el sueño alguna barba saliente abría sus piernas con olores salidos de su boca. Agonizaba, al principio sólo lograba el descanso mínimo del arrebato. Se estremecía. Por eso prefirió mirar a su techo antes que a su cara.

Había planes en su cabeza que hablaba con su techo hermoso. Su techo blanco y negro y cuadrado y de vigas finas y gruesas y largas (concepto también de su vida). Los padres de sus amigos habían estropeado sus cuellos por techos de confort medianos, colores completos-espaciados, pequeñas distancias que llamaban su atención a los espacios. De su techo sólo podía lanzar algunas cuerdas para columpiar sus planes-cuerpo, pero no su cuello. Su cuello no era de halcón, y movió el escaparate. Se movieron los vasos vacíos de sus muertos y buscó, en sus gavetas, ropas viejas y rotas, que alguien, por orden, había rajado.

Rompía ahora sus ajustadores negros y transparentes. Quería que se le viera el «todo», y abrió circulando en los pezones, para poner debajo de sus ropas blancas, y le habló de cargarle, de favor, algunos cubos de agua.

Alp(a) regalaba unas tazas de café-terapia-orina de la mañana, para aliviar las pestes salidas de su boca. Y él cosería en las noches, a la luz de la cera, algunas de sus ropas remordidas y mojadas.

MYLENE FERNÁNDEZ PINTADO (Pinar del Río, 1963). Narradora. Miembro de la AHS. Ha obtenido numerosos premios y menciones en concursos nacionales del género. Cuentos suyos han sido publicados en revistas y antologías en Cuba y el extranjero. Su libro *Anhedonia* resultó Premio David 1998.

Ya desde *Anhedonia*, su primer cuento, esta narradora demostró que bien poco tenía que aprender para colarse de un cuentazo en la lista de los más importantes narradores cubanos de las últimas promociones. Poseedora de un dominio exquisito del lenguaje, sobre todo en lo referido a la ambientación espacial del conflicto (pulcritud y limpieza mediante), de una mirada siempre inquisitiva e inquisidora de los temas escogidos y de una facilidad para la caracterización psicológica de los personajes, su obra (corta, pero rotunda y ejemplar en cuestión de calidad) ha sido siempre sitio referencial (y preferencial) de críticos y escritores (ellas y ellos).

VAMPIROS

Fuimos a verlo para dividirnos el amanecer entre tres y que así tocara a menos. Tres es la sagrada familia cuando no está San Juan Bautista, los Beatles sin Lennon y los gozadores de los menage a troi. Tres para conjurar el maleficio del sol naciente y la desesperanza del día siguiente, traída por el astro rey sádico desde su imperio oriental hasta este Miami hecho de retazos mal cosidos con hilos de colores chillones.

Echamos un último vistazo a las alfombras gastadas por tantos zapatos caros moviéndose frenéticamente al compás de la música como los ratones de Hamelin, y el aire, mezcla de humo, alcohol, residuos de conversaciones y risas desechables, coqueteó con nosotros sin resultado.

Cuadramos las cuentas, arreglamos las sillas siempre revisando que alguien hubiera dejado dinero, coca o cualquier otra cosa interesante que pudiésemos considerar como botín, perdidas las esperanzas con la propina de la noche, y salimos a la calle.

Mientras pasabas los cerrojos miré al cielo. Va a amanecer, dije tratando de restarle importancia, pero me tembló la voz. Y tu llave fracasó varias veces antes de encontrar la cerradura. Creo que esta es la calle mas céntricamente desierta del mundo. La Habana está peor, ni luces, ni carros, ni gente. Y la llave crujió en la cerradura como si cerrara un calabozo en La Bastilla y nos quedamos presos fuera de la celda.

Veo el dibujo de tu llavero, unas figuritas grotescas en imposible posición erótica, sin necesidad de bombillas que lo alumbren y sé que el sol está ahí, jugando con nosotros, dejándonos hacer para luego salir y cogernos desprevenidos. Pero hoy no, ya tuvimos bastante con el FBI metido toda la noche haciendo preguntas sobre el ahijado, por lo de la muerte del médico maricón ese. Como si supiéramos algo. El ahijado es trabajador, servicial, siempre está arreglando cosas rotas en las casas de todos, tiene una hijita en La Habana y le quiere mandar un Nintendo. Pero ni eso les dije. Los muy cabrones hablando todo el tiempo en inglés como si hubieran estudiado en Yale. Y yo sacando la cara por todo el grupo porque a esa hora, del miedo, a Marcos se le olvidó hasta su nombre, pensando que está en una lista de deportación y que venían por él. Bueno, me interrogaron y dije lo que sabía, que es nada. Sé que van a volver. Hay suficiente coca en este lugar como para intoxicar la India.

Después fue el lío del pianista. Se levantó en medio del show y pensamos que iba a La Carreta a comer algo, como dice siempre. La verdad es que va corriendo a su casa a ver si sorprende a la mujer en algo. La conoció aquí mismo y todo el mundo sabía que venía a esperar a Hernán y éste le dedicaba unos solos de saxofón que a mí me temblaban las piernas. Aquello duró mientras la mujer de Hernán estuvo embarazada del tercer hijo. Se iban juntos, ellos dos y el saxofón, y todos decían que lo que se le paraba era el saxo y no el sexo y que los orgasmos de ella duraban lo mismo que *Las hojas muertas* y otras mil cosas. El día que Hernán la dejó ella se emborrachó, y sin hacer bulla, se fue quitando la ropa sentadita en su esquina de la barra y cuando vinimos a ver estaba desnuda tomándose un schull driver y tarareando la canción, bañada en lágrimas, como una extraña Ofelia de bar. La arrastramos hasta detrás de la barra y logramos vestirla allí. Entonces Andy se ofreció a llevarla. No la dejes sola, le dijimos, y se lo cogió en serio. La instaló en su casa y ni trabajar la deja. Pero sabe que ella anda en algo y por eso deja la música a la mitad y sale a perseguirla. Un día, borracho, me dijo que cada vez que llega ella está desnuda, bailando *Las hojas muertas* y llorando. Pero hoy ella se apareció y a Hernán, el muy cabrón, se le ocurrió tocar la dichosa canción y se formó. Todo eso con los del FBI en la puerta, ya para irse. Por suerte ellos viven convencidos de que una historia latina de tarros y putas no es de su incumbencia. Marcos se acordó de que estudió Sicología en La Habana y cargó con los tres vértices del triángulo para la oficina donde Erika le enseñaba a Sofi las tetas después de la operación que le costó lo que no va a ganar este año. La verdad es que a Erika ya no le queda un pedazo de piel que no le hayan zurcido en el quirófano. Ahora vive sacando cuentas de qué edad podría tener su hijo si ella dice que tiene treinta y seis en vez de cincuenta y uno. Su obsesión son los amantes de veinte, que costea con las propinas que le dan los viejos de sesenta.

Mientras tanto yo, con mi mejor cara de inmigrante protegida por la ley de ajuste cubano, entretuve a los mastodontes del FBI y los invité a regresar cuando quisieran. El lugar es interesante, dije, y luego me dio un ataque de risa del nerviosismo. Aquí nadie tiene residencia, y algunos, ni permiso de trabajo. Y no hemos tenido problemas gracias a Merlin.

—Vamos a su casa, así le contamos lo caliente que estuvo la noche y de paso descansamos hasta seguir viaje a Hialeah.

Lo que te estoy diciendo es que no nos da tiempo a llegar a Hialeah antes de que salga el cabrón sol. Que vamos a refugiarnos en casa de Merlin hasta el mediodía y después nos vamos.

—Estás borracho y si te cogen son tres mil de multa.

Lo que te quiero decir es que estás más depre que nunca y que hoy no vas a poder con el amanecer.

Nos montamos en el carro, versión blanca del batimóvil. Y tú, como un Batman vencido por esta Ciudad Gótica, te apoyas en el volante.

—¿Y si no está en su casa?

Es verdad que con Merlin nunca se sabe. A esta hora puede estar haciendo jogging con Madonna, discutiendo con Emilio Estefan o ganando y perdiendo un montón de dinero con los indios del Mikosuki. O le entró nostalgia por Anais y se fue a París a decirle que la extraña o se montó en el crucero que va a Bahamas para ver caras diferentes.

—Podemos ir a casa de Barbie. Siempre me deja una llave en el buzón.

No te gusta Barbie desde el día en que, rendido ante aquella forma de coquetear sin desperdiciar un segundo, le propusiste ir al San Juan a pasar la noche y ella, sin que se le moviera más que la lengua, te dijo que no templaba en moteles ni con empleados. Luego te besó en la boca y se fue.

—Aquí debía haber un metro —dices—. En vez de hacer esos albergues horribles para los homeless, borrachos y drogadictos, ellos podrían deambular por las estaciones y seguro se sentirían mejor.

Bueno, pero no hay metro y no se me ocurre ningún lugar a donde ir. Y el reloj camina. Y el sol también. Viene a fastidiarnos la vida, a recordarnos que le regalamos, así de gratis, un día más al pasado, un día que no disfrutamos en presente y en el que no hicimos nada por el futuro. Un día que parece sacado de una fotocopiadora de Kinko's, igual a otros muchos más.

—Fíjate. No hay muchas opciones. Vamos a casa de Merlin. Si no está, a la de Barbie. Yo me acuesto en el sofá de la sala y tú podrías aprovechar si ella está durmiendo y meterte en su cama. Me imagino que una vez que estés allí no se te resista.

Traté de ser chistosa y creo que lo he jodido todo. En La Habana le auguraron el mejor futuro a tu físico de macho atlético, pero aquí las mujeres te han cogido para sus cosas y no eres más que un desteñido y cansado Casanova en vergonzosa retirada.

—No te preocupes. Merlin va a estar. Nunca nos ha fallado. Vuelvo a mirar el cielo donde quiero que esté Dios y no el sol, y le advierto que ni una más por hoy o va a saber lo que es bueno.

—Además, Merlin siempre tiene comida de verdad y tremendos vinos y no la asquerosidad de La Carreta y el vino aguado que le damos a la gente cuando calculamos que no está en condiciones de diferenciar un Chandon de un Carlo Rossi.

Merlin siempre está haciendo planes y nos incluye en ellos. No vive contando el dinero ni temiéndoles a las tarjetas de crédito. Tiene muchísima plata y cada día va a tener más. Cuando habla, a uno le parece que puede domesticar Miami, despreciarla y usarla. Y es que Merlin se caga en la ciudad cabalgándola y no aplastado por ella.

Ponce de León esta vacío. La ciudad se está poniendo gris clara. De ahí al azul no va nada. Y luego... Estoy convencida de que los habitantes de aquí no saben ni de qué país son la mitad de las banderas que adornan la única calle con cara de calle. Y me arrepiento de haberlo dicho porque tú tampoco sabes ni te importa, a no ser que las banderitas se conviertan en billetes que te permitan rentar tu casa y dejar a tu gringa y gorda mujer, sin que tu familia deje de recibir su dinero mensual. Ellos deben ser los tipos mejor vestidos de La Habana y tú aquí comiéndote un cable. Pero un día me dijiste que la buena vida de ellos era lo único que te hacía levantarte todos los días y seguirte jodiendo la tuya. Y eso me pareció una estupidez que denotaba que eras un comemierda con buen corazón y me callé.

Merlin nos abre su casa como si abriera las puertas del paraíso a dos pecadores de madrugada. Y en un minuto estaba la mesita de la sala llena de copas, vino y deliciosa comida orgánica hecha por sus manos angelicales y demoníacas. Mi Häagen Dazs de strawberry cheesecake está en el congelador. Listo. Se quedan aquí. Por la mañana vamos al Scandinavian a hacer un poco de ejercicios y después les voy a hacer un ajiaco de los de verdad. Y ahora nuestra música..

Serrat canta *Tío Alberto* y Merlin taconea en el piso con su paso de aristócrata, torero y adolescente. Comienza la danza, la locura, el amor infinito, la lucidez divina.

Afuera está Miami acechando, pero Merlin no la deja entrar. ¿Quién inventó la geografía sin su permiso? Y rediseña esa estúpida distribución de tierras y mares y estamos en París y en La Habana y con un gesto convoca a los que amamos.

Las lámparas estilo Bauhaus irradian la luz y el calor del sol de otra parte. Afuera aún está oscuro, te digo para tranquilizarnos. Estamos a salvo. Merlin juega con las luces creando ilusión de latitudes y estaciones hasta que logra el sepia tardío de un ocaso contra los arrecifes, las piedras, el ladrillo y el asfalto de aquella ciudad que a fuerza de no modernizarse no envejece. Déjalo así, le grito, y me río mientras él pone pose de Arlequín servidor de dos patrones, de dos bartenders, de dos niños perdidos en el bosque de la noche, de dos vampiros huyendo del sol hoguera inquisidora que nos purifica llevándose la compasiva mentira que nos cubre y dejando sólo un montón de miedos crujientes y abandonados sobre la arena de South Beach.

Mil veces canta Serrat al rey del país del sueño y la quimera. Merlin baila como calzado por las zapatillas rojas. Mientras, nosotros lo aplaudimos con los ojos porque tenemos las manos ocupadas; yo, en hurgar en mi helado para ver cómo coño es que lo hacen, y tú, en limpiarte la sangre que te sale por la nariz llena de ese polvo que te excita, te quita el sueño y luego te hace deprimirte hasta desfallecer por el cargo de conciencia. Culpa que se alivia mandando dinero a tu familia. Dinero que se gana madrugada tras madrugada, ocultándole el reloj al cuerpo, engañándolo con un desayuno a las cinco de la tarde y una cena a las siete de la mañana. Cuerpo que se mantiene felizmente ignorante de las manecillas porque la cabeza está llena de polvo, como las señoritas que vendían en El Siglo XX de Neptuno y Belascoaín.

De repente Merlin hace un gesto gracioso, pícaro, y va ventana tras ventana. Primavera con su varita mágica clausurando la cabaña del bosque para que Maléfica no encuentre a la Bella Durmiente. Roza cada cordón, y a una orden de sus deseos, más que por el movimiento de sus manos, van cayendo las persianas de las cortinas venecianas, como caen los cortinajes que separan a los fatigados actores del público ignorante.

La magia está hecha. Afuera quedó el amanecer ajeno. Adentro, nosotros tres iluminados por la luz de las lámparas y las evocaciones. Merlin se sienta, cansado por el esfuerzo de exorcizar tanto miedo, tanta tristeza, tanta mañana sin matices.

Me mira con esa humildad que sólo pueden permitirse los arrogantes. Eres un mago vanidoso, Merlin. No admites ofrendas. Por eso tengo que tomarte las manos para retenerte mientras te digo Gracias, como agradecen los peregrinos, los moribundos, los convidados a la demencia de tu hechizo insolentemente impuesto en esta ciudad donde todo es posible e imposible.

MIRNA FIGUEREDO (Palma Soriano, 1963). Poeta, narradora y ensayista. Ha obtenido premios y menciones en numerosos eventos provinciales.

Su aliento poético se respira en todos sus textos de narrativa. El lenguaje resulta desenfrenado, musical, tormentoso, pletórico de giros e imágenes que comunican un mensaje caracterizador del alma interna de sus personajes. La cotidianidad, el amor, la vida de un hoy que se proyecta más allá de los marcos de la ciudad en la que escribe: Santiago, son el trasfondo de sus historias, siempre apegadas al lado humano de asuntos aparentemente intrascendentales para la vida del hombre en una sociedad como la nuestra.

REVERSO DE FOTO

Pudo ser una foto cómplice, un vivificante resplandor de mar al horizonte y una ventana por la que expulsaste el recuerdo y ahora entraron las dudas. Hubieras preferido que la vida no fuera esa escalera de caracol que todos subimos alucinados, dejando las huellas digitales estampadas en cada peldaño. Una escalera sin retroceso; por eso te vengabas calladamente, adoptabas una postura de celuloide, inventabas una historia.

> Como quien ilumina una pantalla para descubrir que ya te conocía, que siempre has estado ahí, recostado al balcón, los ojos fijos en el lago plomizo, como sólo pueden ser esos días propicios para el amor. Ella es una mujer vestida de negro que atraviesa el bosque corriendo en cámara lenta para que el pelo flote dibujado en el viento y tú la presientas. Ella es el dardo y no repara en el follaje deslumbrante, hecho para que nosotros la respiremos complacidos. Nadie se pregunta qué han dejado atrás y esperamos. Ustedes han de hallarse en el bosque templado, girarán con un vals entre los troncos y las trepadoras. Correrán desnudos por el muelle, se besarán entre los círculos transparentes del agua, un beso que termina bañado por la luz de la chimenea, aromatizado por el vaho de la resina.

Te amparaste en una casa de verjas y cristales con mucha luz y en su interior eras una libélula ebria de espacio y transparencias. Una casa sin armarios, gavetas o sótano, porque tras cada misterio y cada puerta espera una sorpresa y habías venido al mundo sin ese talismán que nos hace sobrevivir a las trampas del azar. Tus personajes de ficción nunca fueron trapecistas, ni cruzaron puentes colgantes, no caminaron sobre limo; ellos estaban hechos solo para la desmesura del amor.

> Como quien sabe trastocar las células en fragmentos de aire, ella se desvanece con un ligero roce de tus manos y nosotros no podemos verla caminar a tu lado, no atisbamos sus labios pendientes al vapor de tu aliento en el invierno bonaerense. Adivinamos su danza felina en torno a tus pasos. Ella ríe y nosotros envidiamos su versatilidad. Ella puede hacerte un strip-tease a ritmo de bandoneón en plena calle, a todo día, y sacar de la nada una manzana fresca, y sólo tú la ves. Nosotros aguzamos el oído para descubrir qué hace cuando callas.

Pero tú eres una mujer real y existen parcelas de la vida que no se dejan sepultar; no eres una especie de Pequeño Príncipe sola en tu planeta; eres una mujer que intenta escapar:

> Como quien barrena la tierra y cae al otro lado, da de bruces contra una túnica naranja y un cráneo rapado; bien podrías ser tú, la miras con ojos que desnudan y ella no puede mentir; no cabe un eufemismo, no hay plazos, el tiempo se aligera y desaparece como un filamento impalpable. Nosotros percibimos la premura y sabemos que ella se abrirá el pecho fatigado donde brillan los poros como perlas. En otro plano ya no son sino lotos que se abren parsimoniosos sobre el reflejo verdeamarillo del río y tú resuelves que el éxtasis no es otro que esa súbita floración de sus senos entre tanto paisaje silencioso.

Afuera hay un hombre que espera preguntarles a tus ojos una vez más, puede ser la última; él es real y temes que te haga volver al pasado, a una historia de amor que no has escrito porque no terminó, una historia en la que eras una mujer voluptuosa y ligera como una sonrisa de comercial, que reparó en un hombre voluptuoso y ligero como otra sonrisa de comercial, ambos sin pasado y sin futuro, hechos para el instante preciso, para el beso perfecto, para la palabra propicia. Demasiado irreales para reconocerse muchos años después frente al espejo del otro, el de la pareja imperfecta, pero capaz de amar largo como la vida.

Afuera espera ese hombre que te conoce los rincones y recuerdas a tus personajes de ficción, esos soldaditos de plomo que preferían su monótono estar en el mundo, manipulables, con el miedo o el valor petrificado en sus pies. Sabes que un paso en falso destruiría la estabilidad, todos esos años de negarte a ser una de tus heroínas.

De niña soñabas que eras una bailarina de cuerda, sujeta a una hermosa cajita de música, condenada a esa única opción entre cisne y mariposa, de punta y los brazos en alto, erguido el torso. El suplicio comenzaba a la medianoche, como en los cuentos de Poe; sentías cómo desde la punta del pie ascendía el cosquilleo del entumecimiento, querías separar las piernas y los brazos, volar como un clavel arrancado por el viento, pero tus músculos eran de mármol y tú una Venus en medio de la glorieta y la glorieta se llenaba de ratones que olisqueaban y roían tu piel.

Ahora sabes que no hay ratones más crueles que los que roen por dentro y tú eres esa bailarina de cuerdas que gira desde su eterna inmovilidad; sin *pas de deux*, una bailarina inmaculada con un solo rostro, que no mira a los ojos de otro hombre para que no te ame a ti, que no eres una mujer de negro buscándole a través del bosque sueco, que no eres una mujer floral en el amanecer del Ganges, que no eres ubicua y licenciosa como un tango, que no eres la amante que está en esa foto, porque prefieres olvidar.

ELVIRA VAN BRAKLE GUERRA (Guantánamo, 1962). Dramaturga y narradora. Miembro de la UNEAC. Ha recibido numerosos premios por su creación dramatúrgica, destacándose el Premio Nacional de Talleres Literarios 1987 y el Premio Pinos Nuevos en su tercera edición. Ha publicado el libro *Textos de cortometraje* (Letras Cubanas, Pinos Nuevos, 1997).

La presencia de una mano acostumbrada a trabajar la dramaturgia es evidente en sus cuentos, en los cuales abundan el absurdo, la ironía a referentes inmediatos y cotidianos y un humor corrosivo. Aunque la mayoría de sus creaciones en el género se hallan (premios incluidos) en el campo de la literatura humorística, sus piezas sobre el absurdo (que semejan pequeños bocetos del movimiento de los personajes en una escena muda) parten del supuesto de que la realidad siempre es distinta (aunque coincida en mucho con otras realidades) y que sólo es igual, uniforme, cuando se traslada al papel.

LOS OTROS Y YO

Nunca tuve problemas con mi nombre, pero hace unos días un amigo me saludó de lejos, y a pesar de haber gritado mi nombre, no me reconocí. Una noche después, una amiga me llamó, y al preguntar por mí, colgué. Le dije que estaba equivocada. Alguien que no conozco muy bien susurró mi nombre en mi oído y la miré como si fuera un desconocido. Comencé a serme desconocido. Mi nombre no me sonaba a mí. Sabía que me llamaba así, pero no era yo. El hombre de ese nombre y el nombre de ese hombre no eran la misma persona. Me fui sintiendo otras personas. Cuando oía mi nombre eran los nombres de otros. No cambiaba de nombre sino de persona. Me paraba frente al espejo y no me atrevía a llamarme por miedo a no conocerme. Entonces, cuando me llenaba de valor, me presentaba a esos otros con un saludo efusivo. Comencé a hacer una vida social muy activa. A cada momento un nuevo conocido asomaba a la puerta. Si la mujer de enfrente me llamaba, no era conmigo. El muchacho del periódico llegó un día con un recibo a mi nombre. No pienso pagar. No soy yo el que hace digestiones detrás del periódico. Tengo un nombre del cual ocuparme. Ideé un plan contra mí, en el que debía salir ileso: eliminar a esos otros que dicen ser mi nombre. El problema sería cómo hacerlo. Tendría que plagiar algún buen asesinato. Fui a la biblioteca y saqué algunos libros policíacos. Pero las víctimas tenían un nombre que solamente respondía a una persona; comparado con mi caso, los asesinatos habían sido cosa fácil. Tenía que ser un profesional. Se me ocurrió cambiarme el nombre, pero sería igual. ¿Matar a los viejos conocidos y evitar así que me llamaran? De todos modos quedarían los que tienen mi nombre. Tampoco. ¿Mudarme? Igual. No tenía ningún talento para estas cuestiones. Poco a poco fueron apareciendo otros y otros con mi nombre. Todos con el mismo nombre. Hasta que un día tuve conciencia de mi poder: muchos estábamos en mi lugar. Mi nombre se expandía, y en mi nombre se hicieron muchas cosas. Cosas que no nombraré y de las cuales no me siento responsable.

ELSA OBREGÓN OCHOA (Holguín, 1962). Narradora. Licenciada en Filología por la Universidad de La Habana en 1986. Su libro *La casa de agua y otras narraciones* obtuvo una de las menciones en el concurso David 1998.

Su dominio del lenguaje (a veces encabritado, a veces quieto como un remanso, a veces ágil y lleno de peripecias), el desarrollo del conflicto interno de sus personajes siempre colocados en un referente límite y paradigmático del desarrollo de las relaciones humanas y la adecuada conformación de ambientes y atmósferas cargadas, en los cuales sus protagonistas agonizan al borde de la asfixia, hacen de sus narraciones lecturas que en apariencia (sólo en apariencia) pueden resultar intrascendentes, sobre todo si no atendemos a esas huellas de significado que va dejando a todo lo largo de la narración y que nos guían, como un hilo de Ariadna, hacia el sendero de la luz de una profunda y casi filosófica moraleja.

EN ALGÚN LUGAR, UN DÍA

Será en una clínica que tendrá por nombre Instituto de Medicina Tropical. Nombre que suena a residuos de montañas cubiertas de nieve, una nieve lejana e ignota. Alpinistas inocentes que ascenderán por primera vez con el sobresalto que produce lo desconocido. Días de luz en un lugar oscuro. Días oscuros. Un leve estremecimiento, casi un persignarse ante el nombre de sonoridad exótica.

Se encontrarán por la casualidad obligada de la permanencia bajo un mismo techo de paredes blancas. Hombres con uniformes blancos, y otros con uniformes verdes. No se sabrá si hay mujeres, pues ninguno llevará los labios al descubierto, ni el pelo. Todo estará protegido por una densa tela de araña que sólo dejará libres unos ojos de mirada serena e inexpresiva. Los ojos no estarán maquillados para poder llorar cuando haga falta, sin temor a que la pintura los torne grotescos, o parezcan ojos de payaso a punto de concluir la función a sabiendas de que no ha hecho sonreír a nadie, ni siquiera a los niños.

Una persona de andar esmerado y voz fina, la paciente estimará que es una enfermera, se acercará a la cama número 3. Llevará un frasco que pondrá encima de una mesita junto a la cama. Cogerá un vaso con agua.

—Eva, tu medicina —dirá, al tiempo que le alcanza a la paciente el vaso con agua y un medicamento.

—No quiero —dirá una voz débil, desde la cama.

—Tienes que hacerlo.

—Llévame a la terraza —pedirá la enferma.

—Está bien.

La enfermera la ayudará a subir a una silla de ruedas.

—Arréglame el pelo, por favor —rogará Eva.

La peinará y pondrá en orden su ropa. Empujará la silla de ruedas y, ya en la terraza, le volverá a ofrecer la medicina, que Eva aceptará sin más reparos. La enfermera se alejará hacia el extremo norte, a continuar repartiendo fármacos.

Eva no tendrá deseos de ver otra cosa que no sea el color verde de la yerba que se pierde allá abajo, donde ella no puede ir. Estará seria, pensativa. En el piso quinto, donde se halla, no habrá nada más que paredes blancas, asépticas, limpias hasta el brillo. Observará todo con indiferencia. Paseará la vista de un sitio a otro sin un objetivo específico. Nada es importante, excepto esa yerba allá abajo; pero el cristal de la ventana no le dejará sentir el olor de la primavera, que se desprende de tanto color verde. Moverá la cabeza de un lado a otro, con ganas de arrancar de su pensamiento una idea que no la abandona. Sueña con ella a toda hora. En ese sueño no habrá un rostro único. Serán muchos, distintos. Acudirán a su memoria como papeles que se usan y luego se aprietan entre las manos para borrar su forma original, antes de tirarlos definitivamente. Luego, no sabrá cuál era su apariencia antes de usarlos.

Su mirada empañada distinguirá un perfil diferente. Lo mirará con ojos nuevos. Borrará la última lágrima presa en las pestañas. Descubrirá al nuevo paciente.

Él tendrá el pelo del color del oro. Se volteará cuando la enfermera lo llame para darle su pócima. Tendrá los ojos azules, enormes. Él la descubrirá a ella y apenas atenderá a la persona vestida de blanco que está delante de él. Beberá automáticamente lo que ella le ha ofrecido, sin dejar de examinar el pelo negro y los ojos húmedos de la paciente del otro lado de la terraza.

Ambos se mirarán y la enfermera levantará los ojos a las primeras estrellas de la noche.

Ninguno de los dos podrá dejar de mirarse y los ojos se hundirán en los ojos por la emoción del encuentro.

Un momento después se oirá una voz sin rostro:

—Por favor, todos los pacientes deben estar en sus cuartos para el chequeo nocturno.

La voz repetirá el mensaje, pero ellos no lo escucharán.

Desde el centro de la terraza, la enfermera llamará a las dos únicas personas que se encuentran allí.

—Adán, es hora de volver al cuarto —ordenará, no sin cierta dulzura, dirigiéndose al norte de la terraza—. Ven, Eva; es hora del chequeo.

Ambos comenzarán a mover sus sillas con dificultad mal disimulada. Se acercarán al centro de la terraza sin dejar de mirarse. Se encontrarán, justo delante de la enfermera, quien los observará con discreta curiosidad. Con una sonrisa huérfana de alegrías preguntará:

—¿Se conocen?

—No —responderán los dos al mismo tiempo.

—Adán, ella es Eva. Eva, él es Adán —dirá la enfermera, que ha cambiado la sonrisa por una mirada triste—. Dentro de cinco minutos los llevo adentro —anunciará con la voz algo quebrada, y se alejará por el pasillo de paredes blancas.

Ellos no dejarán de mirarse y sólo se preguntarán:

—¿Nos conocemos de otro sitio?

La enfermera volverá a los cinco minutos y los encontrará muy juntos, callados.

—Lo siento, pero deben entrar ya. No pueden exponerse a la frialdad de la noche. Vuelvan adentro. Tal vez en algún lugar, un día... —terminará la enfermera con una voz extraña, enronquecida, mientras se dispone a ayudarlos a entrar en el pabellón.

UNO

Lo vio en una playa del este de la ciudad; estaba sentado en la arena, de espaldas a ella. Recogía caracoles y los sacudía con mucho cuidado. Después de comprobar que habían quedado limpios, los guardaba en una mochila de colores brillantes. Ella lo miró fijo, confiando en que la persistencia de su mirada haría que en cualquier momento se volviera. Pasó una larga media hora sin que nada alterara aquella escena, casi tomada de un paisaje idílico. Pequeñas gotas de mar habían quedado prendidas del pelo y, al moverse para recoger sus tesoros, el sol se reflejaba en ellas.

Ella nunca había visto algo así. Era el dios Neptuno acariciando una parte de su riqueza. Quedó rígida al ver, de pronto, que él la estaba mirando con unos ojos claros y grandes; toda la cara eran sus ojos enormes, sonrientes. Y ella devolvió la sonrisa y desvió la mirada.

La mata de coco que le servía de refugio balanceaba sus hojas, y el sol y la sombra parecieron bailar una danza erótica donde uno poseía a la otra, incansablemente, sobre sus piernas. Una gran sombra la protegió definitivamente. Entonces alzó el rostro y chocó con aquellos ojos, azules como el cielo que él tenía detrás.

—Adán —dijo la voz de la mirada azul, y una mano de dedos largos se extendió hacia ella—. Me llamo Adán Torres —confirmó.

—Mi nombre es Eva —quiso decir, pero no lo hizo. No era cierto. Sonrió también y extendió su mano fina, después de sacudir la arena que tenía entre los dedos.

—Es un placer —dijo con sencillez.

Él señaló la arena y le preguntó si podía sentarse a su lado. Ella sonrió y le ofreció un espacio de su toalla. Quedaron juntos y, por un momento, sólo se miraron. Después comenzaron a hablar los dos al mismo tiempo, y rompieron la tensión con grandes risas, los ojos húmedos por la emoción de lo inminente.

Ella le tomó la mano derecha y, con voz risueña, le dijo:
—Ven, te la voy a leer.

Él abrió la mano y ella lo miró a los ojos, al tiempo que acarició cada dedo con sus uñas bien arregladas. Luego bajó la mirada y se quedó absorta en la contemplación de cada línea, cada detalle.

El paisaje parecía haberse transformado en un gran tapiz con el cielo como fondo y un sol anaranjado que se ponía en el horizonte, uniéndose al mar. Inseparables, el sol y el mar se guardaban los secretos. Se unían, erotizados, para dormir uno dentro del otro hasta el siguiente día en que, después del amanecer, uno salía de dentro del otro para volverse a encontrar en el próximo ocaso.

Tras unos instantes de silencio, ella volvió a hablar:

—Tienes unas líneas muy bien definidas. Aquí dice que tendrás larga vida y muchos amores. Y que vas a tener dos hijos. Y una carrera de intelectual que te hará famoso. Ah, y tienes buena salud...

—¿Eres gitana? —preguntó él.

—Es posible.

—Entonces, llévame a tu tienda.

—Ya estás en mi tienda —dijo ella, e hizo un arco con el brazo abarcando todo el lugar.

Él sonrió, y cuando se dieron cuenta se habían besado, sin explicaciones. Se miraron al separarse, pero ya no había timidez ni turbación en sus actos.

Rodaron, abrazados, por la arena. La noche empezaba a acogerlos en la confusión de sus sombras.

DOS

Cuando la vio, estaba sentada en la arena, de espaldas a él. Leía un libro, protegida del sol por una sombrilla de franjas. No pudo mirar a otro sitio. Sus ojos quedaron absorbidos por aquella imagen, como si asistieran a un concierto. Y debía prestar toda la atención a ciertos gestos del director de la orquesta, porque éste iba a estrenar nuevos acordes. Es entonces cuando decides no quitarle la vista de encima, esperando adivinar la señal para que el gran acontecimiento se produzca.

Así se sentía él al mirarla. Ella era lo nuevo, lo que nunca imaginó encontrar en aquella parte de la playa.

El sol se ocultaba y el naranja de los rayos brillaba en el pelo de ella —negro, lacio—, que le caía sobre los hombros. Los ojos de él no podían apartarse de aquella especie de diosa letrada, aquella Minerva que, absorta en su lectura, pasaba las páginas del libro sin percatarse de su presencia.

Él dejó de examinar los hombros de la muchacha porque sus ojos oscuros lo miraban con curiosidad. Levantó una mano en señal de saludo y ella respondió con una sonrisa apenas perceptible. Él sintió que su pulso y su respiración se aceleraban. Todo el oxígeno de la playa no era suficiente para sus pulmones. La vio levantarse y acercarse a él. Se puso de pie y, al momento, vio la mano de ella extendida. Sonrieron los dos.

—Eva Torres —dijo ella—, es un placer.

«Adán», pensó responder él. Pero no quiso mentir y sólo dijo:

—El placer es mío —y se quedó con la mano de ella refugiada entre las suyas—. ¿Quieres sentarte?

Y se sentaron, muy juntos.

—¿Qué lees? —preguntó señalando el libro.

—*Un fogonazo*, de Virgilio Piñera.

—Yo lo leí recientemente —aseguró él—; me hizo falta para una representación que ofreció mi grupo de teatro.

—¿Eres actor?

—Sí.

El libro se cayó y ella lo recogió con rapidez. Él ayudó a limpiar la arena que se había quedado entre las páginas. Las manos chocaron una y otra vez. Al principio sacudían el libro, después se enredaron unas con otras. Ya no había arena, pero las manos estaban juntas, unidas en una caricia tibia.

Se miraron. Las manos, enlazadas aún, ascendieron. Los ojos no dejaban de mirarse. Hubo apenas un roce. Suave, frágil.

No podían dejar de mirarse ni de besarse. Y el sol dio paso a la noche, y el mar levantó sus olas y las trajo a la orilla, como desde el inicio de los tiempos. El sol moribundo, la noche, el mar. Los únicos testigos.

TRES

Es en una playa del este de La Habana. Dos jóvenes han quedado solos, a la orilla de la playa desierta. Se va perdiendo el color de la luz, que ya busca a la sombra. La noche se adentra en el mar y en el alma.

Ella ha regresado a la lucidez después de probar, una vez más, la pastilla que la hace viajar por mundos de luces de colores y sensaciones hondas, que huellan su carne y dejan en su piel, su sangre y su mente, la marca de un hierro encendido. Ha vuelto a la noche inmensa de un absurdo día de playa. Pésimo transporte y un sol espantoso. El sabor amargo en la boca le recuerda el desamparo de tornar a la realidad sin nada de aquello que la acompañó en su última experiencia.

Busca desesperada. Escarba en la arena. Ya dio con el libro de italiano, ¡qué bueno! Tiene que aprobar el examen, a ver si consigue trabajo como guía de turismo. Eso es pensar en el futuro. Continúa la búsqueda. No logra encontrar los zapatos. Imposible perderlos, son el último grito de la moda. Unos zapatos de madera con tacones anchos que la hacen más alta y elegante. No recuerda bien quién se los regaló, pero sabe que le costaron mucho sudor y también su buena porción de asco correctamente disimulado. No halla la blusa, pero no importa. Puede regresar a la ciudad con la parte superior del traje de baño. Ya descubrió el short de licra, pero faltan los zapatos, sus zapatos.

Aunque él viene en zigzags, su mano derecha sostiene aún la botella que lo delata. Sin embargo, no es un recogedor de restos de naufragios. Tropieza con ella que, de bruces, busca enloquecida.

—Carajo —dice ella, furiosa—, ¿no ves por donde caminas, o es que no tienes ojos en la cara?

Él ha caído delante de ella y ríe con risa estúpida.

—No. No veo ni con el ojo del culo —exclama con lengua torpe—. ¿No ves que no se ve nada? —concluye con voz enajenada, al tiempo que trata de ver sus manos en la oscuridad.

Ella encuentra lo que busca y lanza un grito de triunfo:

—Al fin, coño. Los encontré.

—Vamos a celebrarlo —propone él, que no sabe qué es lo que encontró, ni le importa.

—Vamos —acepta ella la botella que él le extiende, y bebe un trago largo.

Él se acerca más, arrastrándose por la arena. Estira la mano y no coge la botella, sino un pezón grueso que, salido del traje de baño, le queda más cerca. Ella lo evita, pero ríe. Sólo por un instante piensa rechazar la torpe aproximación. Y desiste. Entonces acerca su mano a la cara de él. Toca una barba de puntas que pinchan. Ávida, busca en la noche la boca de sabor ajeno y oscuro.

Se mezclan labios y lenguas y los cuerpos chocan frenéticamente. Él vuelve a tocar sus pezones manchados de otras manos; los coge en su boca, que sabe a muchas bocas juntas, hasta perder su propio aroma. Besa la espalda que se arquea de placer y muerde el abdomen y baja al ombligo. Empieza a recorrer el vello que se levanta para incrustarse en la boca inflamada. La lengua es de serpiente y se adentra en dos agujeros que la noche no le deja ver, pero que él sabe húmedos, con sabor a tierra, a sal, a peces.

Ella lo voltea y besa su espalda. Desciende despacio. Queda sujeta de sus nalgas. Las aprieta. Besa hundiendo la boca, y su saliva cae lenta, espesa. El músculo se tensa por la prolongación de la caricia, que se vuelve castigo por el deseo que despierta. Ella deja caer la mano por el costado y busca entre la arena, debajo de él, aquello que la martiriza al imaginarlo recio y desafiante. Lo aprisiona. Lo toca. Lo palpa con lentitud mientras continúa sobre su espalda. Él no puede aguantar más y se vuelve. Ella también, con él, y quedan boca arriba. Los dos se enfrentan al cielo. Entonces él gira y ella queda debajo y ya no mira a lo alto, donde están las estrellas, sino a él, que es también una especie de cosmos.

—¿Cómo te llamas? —pregunta ella en un momento en que su boca queda libre.

—Eso no importa —dice él con la voz ya más despejada—. Piensa que somos Adán y Eva en el paraíso.

Se besan con furia otra vez. El sexo duro, inflexible, se levanta con terquedad y busca la hondura que se amplía húmeda entre restos de algas y caracoles.

Sin embargo, el tiempo no pasa. Queda detenido en ese instante presagioso. La arena desahoga, en un juego de azar, el silencio que la envuelve. Mientras tanto, la noche deja encendida una luz para que la escena no quede sin un nombre. La luz brilla en algún lugar.

Será en una clínica que tendrá, por nombre, Instituto de Medicina Tropical.

MANELIC RAMOS FERRET (Santiago de Cuba, 1962). Narradora y poeta. Cuentos y poemas suyos han sido publicados en revistas y publicaciones culturales cubanas y extranjeras.

Al leer sus cuentos nos percatamos de que detrás de cada palabra hay una persona que piensa, mira y atisba la materia narrativa desde la atalaya de la poesía. Sus personajes manifiestan una clara conciencia crítica respecto a la necesidad de dinamitar conceptos y costumbres de antaño referidas a la actuación de la mujer en la sociedad, y lo hacen al modo de la incisión de un bisturí (literalmente) en el cuerpo psíquico de sus protagonistas buscando la vía para una real liberación emancipadora de criterios, aun cuando no pueda llegar a esa vía de ningún modo.

LA FILOSOFÍA DE LA YAGRUMA

(Perdón, Sole)

Ser una mujer o ser una lechuga o ser cierta persona. Hombre no. Hombre lo abarca todo, incluso la lechuga. Sin embargo, siento reparos en decir abiertamente soy un Hombre, no por prejuicio, sino por falta de aptitud. Así, ni mujer ni lechuga, me lancé a la calle como una cierta persona por esos mundos de Dios, y encontré una piedra en mi camino; me dije, si fuera judío, esta piedra tendría gran significado para mí, pero no soy cierta persona judía y simplemente la lancé al azar, en un acto tan irreflexivo y vulgar como toparse una piedra en el camino, resultando que rajé la mejilla de una vieja que se abanicaba con una penca, sentada en el banco por donde acababa de pasar, pensando en aquello de ser mujer o ser cualquier otra cosa. No estoy seguro de si era una vieja lechuga, aunque vi la sangre fluyendo y fluyendo los improperios. Si la vieja lechuga con sangre hubiera sido cristiana, pondría la otra mejilla, y en tal caso tampoco yo tendría otra piedra; aun así, por no dejarla con las ganas de ejercer el voto de humildad, se me ocurrió darle el beneficio de hacerla sentirse víctima y darle al menos una buena patada en la otra mejilla; era tan débil como un gusano y realmente merecía algo así. Pero sentí lástima de mí; por muy fría que sea, una patada engendra cierta violencia, y no hay que engañarse, aun para una cierta persona como yo, una patada es un hecho innegable de violencia. Detesto la violencia; hay entre ella y yo un vínculo tribal, sincopado. No la rehúyo ni me la traigo; simplemente marcha conmigo; la dejo hacer y ella estalla como un demente ante los actos más triviales que ejecuto. La violencia en mí es algo metabólico, nació con el primer grito que di rebelándome a las dos nalgadas que me dieron al nacer. Nunca perdoné esas nalgadas y desde entonces es como si ese dolor hubiera engendrado en mis nalgas la violencia primera, el germen. Porque hoy mismo nadie podría creer que soy un ser violento. Hubo también, allá lejos, en ese estadio monstruoso de la infancia, un hecho que superó la memoria del dolor de las nalgadas y fue cuando, sentado en el quicio de la puerta, elucubrando cómo podría robarme *El Decamerón*, cometí la grave falta de suspirar, como sólo nos hace suspirar lo prohibido. Me di cuenta de que uno de los preceptores estaba detrás de mí cuando sentí la bofetada que me dejó un sonido de mar en el caracol, es decir, en la oreja, y la frase vetusta «los niños no suspiran».

La violencia, creciendo espaciosamente, era sin embargo imperceptible para los demás y para mí mismo. Han pasado más de veinte años y no he podido olvidar aquella historia instructiva, didáctica, que me repetían una vez y otra los preceptores, y cuya enseñanza era únicamente «no robar». Resulta que un niño llegaba cada día a su casa con alguna nueva chuchería, una vez un lápiz, otra vez un juguete; según crecía llevaba, sin que la preceptora le preguntara jamás por la procedencia de aquellos objetos. Un mal día, el joven amaneció tras los barrotes de la prisión y mandaron buscar a la madre, que lloraba y lloraba; el joven le dijo que acercara el oído a las rejas, «te diré un secreto»; la madre obedeció sollozando y el hijo le arrancó la oreja de una mordida, la escupió en el piso y le dijo: «por tu culpa estoy aquí». Era una historia reconfortante, pero nunca he tenido claro de quién era realmente la culpa por lo de la oreja, eso me parecía un castigo excesivo; sin embargo, ¿qué se siente cuando se arranca una oreja de una mordida?

Mientras más analizo mi violencia, menos creo en ella: no soy iracundo, ni impetuoso. Mi violencia es una lagartija que se pasea de un lado a otro de mi cerebro de lechuga y la única razón de su vida es tragarse las moscas de las que tengo el cerebro lleno. La lagartija, inofensiva, pero consciente de que realiza un menester de gran valía, se hace la dormida como un bebé cocodrilo, deja acercarse las moscas y, con una sorprendente velocidad, abre la boca y las devora.

Más brutal aún que la historia de la oreja fue la ocurrida una noche de ésas, cuando se reúnen a comer las sagradas familias. El padre ocupaba el lugar privilegiado de la mesa, bastante destartalada, por cierto; la abuela sirvió por orden jerárquico los platos de huevos fritos —detesto los huevos—, sirvió sobre un paño blanquísimo la flauta de pan y las tazas de café con leche. No recuerdo bien qué sucedió, pero parece que mis ojos me traicionaron al contemplar esas yemas blandujas, amarillentas; y fueron mis ojos, porque nadie tenía el coraje de pronunciar una palabra en la mesa. El preceptor se levantó tan bruscamente de su silla que ésta cayó al piso, asió el largo cuchillo del pan por el mango y de un salto se paró a mi lado poniendo la punta del cuchillo, con peligrosa presión, en mi ojo, mientras decía en voz muy baja cerca de mi oído: «Si vuelves a torcer los ojos ante la comida que te sirve tu abuela, te los saco». Fue todo. Me tragué aquella asquerosa yema, y me tragué con ella lágrimas, leche. Aguanté la náusea hasta el momento en que debíamos pararnos de la mesa, corrí al baño y vomité hasta reventar. No sé cómo sobreviví a aquella noche, pero me sirvió para profundizar en mis precarios principios adolescentes: la violencia y el miedo son como dos gotas de agua; la violencia es el tropo que toma el efecto por la causa; la causa de la violencia es el miedo. El miedo es el rugido que despierta la lagartija de la violencia. La violencia repella el miedo aplicando sobre éste una delgadísima capa de cemento. El miedo, como el pez, se oculta bajo una maraña de algas venenosas; la violencia es la calidad que da derecho a ser tenido en cuenta como mujer, Hombre o lechuga, a los efectos de la defensa social, civil. Es decir, la violencia es la cara que puede darse el miedo el lujo de exhibir. La violencia es el lado verde de la yagruma; el miedo es el lado pardo de la yagruma, y si hay apenas un poco de viento, es fácil descubrir cómo conviven ambas en una sola hoja. Ahora que medito en esta particularidad de la yagruma, me sugiere el entendimiento que quizás no sea mujer, ni lechuga, sino una sola hoja, entre cientos, de un árbol de yagruma; dos fases, dos matices, dos conductas que se complementan en un solo cuerpo. Aunque la hoja esté nueva, adolece de una sequedad, de una geografía envejecida; la hoja de yagruma aún colgando de su rama parece haber estado recién salida del resentimiento sin humedad de un libro ya muy olvidado, entre sus páginas prensada por quién sabe qué amante; aún colgando de su rama parece padecer el infarto de su glándula fundamental; pareciera que por sus nervios no fluyera clorofila sino cieno, quietismo, escasez de lucio, ausencia de lluvias de mayo, miedo, miedo, miedo. Dubitando entre ser mujer, lechuga, Hombre, yagruma, sentí lástima de mi miedo. Me acerqué a la vieja y después de rogarle un poco de piedad, le apreté con mis garras fuertes el mentón, le di una buena patada en la mejilla sana, y la dejé tirada, muerta, en el banco del parque. Me sentí aliviado. Tomé la penca con que se abanicaba y me alejé despacio, silbando, bajo el sol horrendo. Ciertamente una penca es algo muy útil en este país de los infiernos.

GLORIA BAUZÁ COMESAÑA (Ciudad de La Habana, 1961). Poeta y narradora. Ha obtenido premios y menciones en concursos nacionales de poesía.

Aunque eminentemente poeta, Gloria asume la anécdota narrativa simplemente como eso: una anécdota que ha de contarse para que cada cual llegue a su propia moraleja. Su tema recurrente parece ser la lucha de los seres humanos por su existencia (supervivencia, subsistencia) contra el influjo del tedio y la deshumanización impuesta por la modernidad. Por ello, sus personajes (llenos de conflictos internos sugeridos) resultan extremadamente humanos, y sus historias, un fresco de la más aburrida cotidianidad.

UN PUNTO EN LA PANTALLA

A esa altura, veíamos las azoteas agolparse en un perfecto desorden. Únicamente escapaban de aquella confusión los edificios más altos: el de Comercio Interior, la Industria Ligera, el del Banco y el nuestro. Las antenas de televisión retoñaban en las calcinadas tejas como escuálidos arbustos de un desierto, y los tanques de agua abrían sus sedientas bocas en una súplica al cielo. A lo lejos, el malecón subrayaba el litoral. Y un mar anestesiado por 33 grados de temperatura dormía a los pies de la ciudad, dejándole el aspecto inerte de una postal turística. Serían eso de las 10:30 a.m. en La Habana, cuando Vilma y yo subimos a leer a la azotea del edificio.

Vilma había estado temprano en el dentista y aún tenía la boca adormecida, de modo que apenas hablaba, y como generalmente no lo hace mucho, me brindé para leer en voz alta. Siempre me ha parecido que la lectura es la forma menos cruel de matar el tiempo. Me aclaré la garganta y empecé a leer un cuento de Raymond Carver. La historia la protagonizaban unos borrachos y Jack London. Una ficción bastante poética que describía la vida en un centro para la recuperación de alcohólicos. Aquel sanatorio era una dulce cabaña en las afueras de la ciudad, y sus sentimentales huéspedes, un grupo de poetas de suburbio. Por un momento me vi entre ellos, imaginé sus voces roncas y pastosas, y los temblores de sus manos en medio de una charla. Nunca me ha gustado el alcohol, sin embargo, los tipos del cuento me cautivaron. En la cabaña tenían una amplísima ventana que enmarcaba una montaña perdida en las nubes. Una especie de monte sagrado que me hizo sentir envidia. Con todo y estar en un sanatorio, los borrachos no estaban presos como yo en una caja de cemento, sin un balcón siquiera, y con la única ventana rota y condenada. Me consolé pensando que detrás de mi ventana yo no tengo la montaña; sólo está la pared del vecino y un lavadero que nadie utiliza. Vilma me interrumpió con un gesto.

—¿Qué pasa? —le pregunté.

Escupió.

—¿Qué pasa? —insistí.

—¿Tú ves que está sangrando mucho?

Le respondí que no. Es normal que hubiera un poco de sangre. Quise seguir leyendo, pero me dijo que estaba nerviosa y se iba a acostar un rato. Regresamos al apartamento y ella fue directamente al cuarto; puso un casete de jazz. Sin saber para qué, abrí el refrigerador: un frío aliento me dio en el rostro. Clavé la vista en la masa glacial de la nevera. El salidero de gas había empeorado. Pensando en llamar a un mecánico, me serví un vaso de agua. Tomé un sorbo y tiré la puerta. Desde el cuarto me seguían llegando los acordes del jazz. Siempre he tenido la impresión de que todas las piezas son iguales, el mismo ritmo lento, las trompetas y las desesperantes improvisaciones. Pero a Vilma le fascina esa música, así que, tratando de no prestarle atención, volví a mi lectura.

Había leído más de la mitad del libro cuando sentí a mi amiga entrar al baño y abrir el lavabo. Sonreí recordando los días en que nos despertábamos de madrugada a escuchar el melancólico recorrido del agua en los caños. A eso lo llamábamos conciertos de medianoche. Las tuberías en medio del silencio semejan el lamento de las quenas. Con Vilma siempre he tenido cosas así. Quizás sea ella mi verdadera ventana. Finalmente, yo también me fui a la cama, y no bien pegué la cabeza en la almohada, me asaltó la sensación de tener algo pendiente. Traté de precisar si era algo inacabado o algo por emprender. Repasé mentalmente todo lo que hacía a diario hasta que, derrotada, decidí preguntarle a Vilma:

—¿No habíamos quedado en ir a algún lugar?

—¿A dónde? —me preguntó con voz entumecida.

—No sé, a cualquier lado.

—No, me parece que no.

—¿Y no teníamos hecho ningún plan?

—¿Plan de qué?

—No sé, de cualquier cosa.

Como Vilma quedó en silencio, creí que trataba de hacer memoria, pero nada de eso; estaba totalmente abstraída acariciándose la mejilla. La dejé. Tenía que resolver mi asunto sola. Aunque Vilma es mi ventana, no siempre está abierta. Al cabo de no sé qué tiempo de estar revolviéndome en la cama, me levanté. Quería comer algo. No tenía el más mínimo apetito, pero necesitaba entretener mi mente. El dolor de cabeza comenzaba a rondarme. Preparé un puré de papas, era lo ideal para Vilma y su muela. Sin embargo, sólo probó dos cucharadas y se acostó. Me quedé en la mesa, dándoles vueltas al cubierto y a mi desmemoria con total desgano. Al rato, ella puso la televisión y me fui a verla.

Anunciaron documentales. El presentador recomendó especialmente uno sobre el cerebro y «sus misterios insondables». Aquel idiota con su sonrisa programada logró interesarme. Soporté más de quince minutos frente a la pantalla, viendo células caprichosamente parecidas a las figuraciones del expresionismo abstracto. Hasta que, por fin, entró el título del maldito corto. Apareció un tipo gordo, no mucho mayor que yo, que había perdido la memoria sin razón aparente. El gordo comentó que sus olvidos comenzaron después del segundo matrimonio. Su voz era herrumbrosa, chirriante y casi olvidada. Los primeros síntomas fueron imperceptibles: un nombre, una dirección, una fecha. Sólo que la situación se fue agudizando. Aquel hombre en el límite de su enfermedad llegó a exigirle a su ex mujer que se divorciara de él. «Es atroz tener que recurrir a una metáfora para tener que decir simplemente la palabra camiseta», dijo en un balbuceo. Aquello me mató. El ruido de un avión rasante, o de mi miedo, apagó por completo la voz del amnésico. No pude levantarme a subir el volumen: estaba paralizada. Creí vivir un pasaje de Buñuel. Miré al gordo en la pantalla dibujar sílabas inconexas en medio del estruendo. El avión terminó por alejarse. Todo me pareció un horrible vaticinio. Automáticamente comencé a preguntarme cosas de mi vida pasada. Rebusqué nombres de familiares y amigos, fechas, direcciones, teléfonos: lugares comunes de la memoria. Aunque tenía veintinueve años, el saldo de lagunas fue considerable. Vilma se incorporó en la cama y me preguntó:

—¿Qué te pasa?

—Nada.

—¿Cómo que nada y estás como un papel?

—Estoy amnésica —pensé en voz alta.

La risa de Vilma fue un jarro de agua fría. Por supuesto que no me esforcé en explicarle nada. No quise discutir, de cualquier forma no sé por qué empezaba a sentirme más tranquila. Sonó el teléfono. Resultó ser un equivocado. Miré la hora y eran casi las nueve de la noche. Fui al baño y vi que no me había peinado en todo el día. Tampoco iba a hacerlo ahora.

Me hundí de nuevo en la luminosidad de la pantalla. Pasaban un video clip cubano. La cámara miró fijamente al Morro, donde con estrépito rompían las olas. La espuma subía y subía al compás de un son movidísimo. La lente paseó su vista por el malecón, el puerto, y se asomó por el boulevard de Obispo, donde la ola humana parecía romperse contra las vidrieras. En una toma aérea aparecieron los edificios más altos: el del Comercio Interior, la Industria Ligera, el del Banco Nacional y el nuestro. Para mi sorpresa, la cámara se detuvo midiéndolo piso a piso. Aunque no es nada importante, no pude dejar de sentir una especie de orgullo.

—¿Ese no es el edificio? —preguntó Vilma.

—Sí, y lo que se ve en el balcón debe ser el hijo de la vecina — respondí bastante entusiasmada.

A decir verdad, no se veía tanto. Sólo había un punto en la pantalla. Un punto que bien podían ser ropas en el balcón o un niño; pero era el edificio. Y a pesar que desde ese ángulo nuestro apartamento no era visible, nosotras estábamos en él, con cuatro dedos de hielo en la nevera, mi asunto pendiente, restos de puré y la ventana rota. La lente terminó por alejarse, buscando un cielo en blanco y negro en el que volaron gaviotas grises. De pronto la orquesta entró en la parte improvisada del son y los músicos bailaron animadamente en la explanada de un Morro de veinticuatro pulgadas, con el aire batiendo sus camisas como banderas náuticas de bienvenida. Todos reían y nosotras también. En eso el teléfono volvió a sonar:

—No tengo ganas de levantarme —dije.

—Yo tampoco —dijo Vilma.

Pasaron muchas gaviotas más. El cielo y el mar se fundieron en una foto fija y comenzaron a bajar los créditos. Arriba el sol relumbró en el cielo televisivo. Serían eso de las 10:30 a.m. en La Habana.

OLGA LIDIA PÉREZ RODRÍGUEZ (Jarahueca, 1959). Narradora y poeta. Premio Nacional de Literatura Erótica Farraluque 1997 en cuento.

Una exquisita mezcla de humor criollo y la naturalidad del discurso narrativo, el encadenamiento de sucesos que llevan inteligentemente hacia un final que no por esperado deja de ser disfrutado, y un erotismo adecuadamente desgranado a lo largo de toda la trama, decidieron al jurado del premio Farraluque para conceder el galardón a este cuento. Su autora, poco conocida en los predios de la narrativa cubana de los últimos años, recrea una atmósfera costumbrista con un tema muy socorrido (la infidelidad), pero en un ámbito casi olvidado por nuestras letras (el campo cubano).

CARMELA

Si no llueve, pues hasta agua
tiro para que lo parezca.

CARMELA

La cabeza gira como un no sé qué caramba. Julio está sentado en el borde de la ventana contemplando todas las musarañas de la madrugada y Carmela no sabe qué hacer con tanto humo desgranado por todas partes. Detrás de la cortina que divide a la sala del cuarto matrimonial se oculta la verdad de este sueño que no dio para más. Hoy es el día fijado por el destino.

Carmela sube hasta la baranda del portal y se recoge la saya de flores entre los muslos sedientos que, insatisfechos, se frotan con disimulo de apoyo, se frotan fuerte hasta sacarse chispas y arder. El gato maúlla a sus pies y juega con las alpargatas desgastadas y mugrientas, husmea, maúlla, husmea, maúlla. Algo huele a sangre contenida, a aguacero torrencial, a toro bravo. Una brisa ligera empieza a soplar desde el cafetal y llega hasta Carmela que la saborea suavemente con los ojos cerrados. Por encima de las matas de mango empieza a asomarse, tímido, el amanecer, como si temiese desnudarse completamente o como si el corazón lo llamase a la cordura para que no se apresure, para que retarde su aparición. Carmela mira a Julio y sin hablar le indica que todo está al precipitarse, pero él baja la mirada y un manojo de escalofríos le recorre incontenible el cuerpo. Nine le había indicado cómo hacerlo, respetando las normas del ritual y hasta los minutos que tenía que emplear en cada gesto. ¡Carajo! Si fuera como su padre que le sobraban pantalones hasta para escupir o peinarse, que por donde pasaba dejaba el olor a macho remacho regado hasta en el polvo del camino y a todas las mujeres con los deseos revueltos a más no poder.

Carmela sigue balanceando sus piernas al compás ardoroso de sus pensamientos. A veces sube el muslo derecho un tanto, bien apretado contra el izquierdo, y los ojos le brillan como a un tigre desesperadamente hambriento, dispuesto al asalto final sobre la presa. Julio lo sabe y se sonroja. Otro escalofrío le recorre la columna y termina poniéndole el cabello de punta. No se mueve. Las sienes le laten como los galopes del caballo pinto desbocado; las manos se saben ardientes, desesperadas, pero las rodillas tartamudean y el piso de cemento del portal parece una prolongación de sus pies. Está pálido y comienza a sollozar. ¡Esto no lo permite un hombre, carajo! Tiembla. El gato salta hacia la cama y se ovilla ronroneando. Julio suspira.

Juan Jorge no cree lo que están mirando sus ojos. Avanza torpemente unos metros hasta recostarse al viejo roble. Los estremecimientos le recorren el vientre y tirita como un niño de pecho. Cierra sus párpados, los oídos le trinan melodías celestiales y se va dejando caer con la espalda pegada al tronco del árbol. Está sin fuerza, alelado. La voz de Carmela llamando: «Juan Jorge, sal, que sé que estás ahí», le estremece hasta las raíces. Se semincorpora y casi de cuclillas echa a correr por entre la arboleda hasta dejar de escuchar: «Juan Jorge, Juan Jorge». Ahora respira profundo y patea la tierra. Los temblores han cesado y una vergüenza madura le recorre el cuerpo. Duda entre regresar y decirle «¿Qué quieres? Nadie te manda a estar así», y ya, o retornar silencioso, más silencioso aún, y agazaparse bien, y seguirla contemplando hasta saciarse de las ganas acumuladas durante tantos años. No sabe qué hacer. Comienza a andar lentamente buscando el camino. La cabeza es un rabo de nube que no cesa. Gira bruscamente y regresa hasta el roble, sin ocultarse, sin inclinarse, sin ocuparse de no hacer ruido.

Allí está Carmela, sentada sobre la piedra blanca de la orilla del arroyo, mirándolo fijamente mientras balancea bien acompasadas las dos piernas semiabiertas. Juan Jorge se detiene. Algo lo paraliza. «¡Julio es mi amigo, coño!» La mira largo rato sin decir palabra hasta tomarla por las manos e irla subiendo lentamente. «¡Qué sabes tú, Juan Jorge, lo que es estar desesperada!», y lo abraza fuerte primero, bien fuerte, como si quisiera romperlo, para luego comenzar a zafarle los botones de la camisa, a arrancarle los jirones de camiseta vieja que no le dejan llegar los dientes al pecho velludo, a acariciar desaforadamente el cuerpo del hombre, y juntos se dejan caer cerca de la piedra mientras que el sudor atrae las briznas y el polvo que ninguno de los dos sienten pegados a la piel. «Julio es mi amigo, coño. ¡No podemos seguir con esto!» Ella suspira: «¡Qué sabes tú, Juan Jorge, lo que es estar desesperada!» Carmela arde y Juan Jorge quema. Camela crepita y Juan Jorge hierve. Carmela estalla en cientos de clamores desaforados y Juan Jorge revienta con todas las ganas ahítas. Carmela es fuego incontrolado, y Juan Jorge, volcán en erupción perpetua.

El sol se asoma tímido y Carmela se levanta, pasa cerca de Julio, lo roza con el codo y gira en torno a él cerrando los ojos con la cabeza inclinada hacia atrás. Esta vez son los senos de Carmela que pasan por su espalda; los senos de Carmela que ya no se contienen dentro del ajustador; los senos de Carmela con una fuerza de atracción irremediable; los senos de Carmela como dos amazonas que atacan, provocan, destellan... Ahora se aleja hacia la sala y Julio permanece alelado junto a la baranda mirando fijamente hacia el cafetal. Se siente morir, ¿o ya está muerto? El murmullo del amanecer le va penetrando muy suave por la piel aún estremecida por el roce de los senos. Respira hondo Julio, respira y se apoya en la baranda para no caer.

Desde la tarde aquella cuando, borrachos como cubas, intentaron «coger» a la chiva de Nine, nunca más logró la erección. No ha habido mujer desde entonces que lo haya logrado, ni Carmela, de quien siempre estuvo enamorado como un comebola. Pero ni por todo el oro del mundo le contaba lo que pasó. Se casó con ella para probar y para que Juan Jorge no se la levantara, pero todo había sido en vano. Julio se espanta tan sólo al recordar los tres días con sus tres noches que pasó con el pene rígido como una tusa, con un dolor que para qué contar, compay, un dolor de esos que no hay hombre que lo aguante, y todo por culpa de la jodida chiva que cuando le tocó a él, se les escapó a los muchachos, y ahí mismo, del susto..., no podía seguir recordando siquiera. La cabeza le gira como un remolino, suda y siente un vahído terrible.

Julio agarra fuerte la baranda y aprieta duro las mandíbulas. No se puede caer. Mucho ha esperado Carmela, muchas cosas ha ideado desde la luna de miel, pero la frustración siempre se les venía encima como una ceiba desplomada. Carmela huele a desesperación, a hembra viva que no soporta encierro. Carmela huele a hasta aquí y Julio no puede con el final. De imaginar los senos de Carmela rozando a Juan Jorge, a Juan Jorge mordiendo a Carmela, a Carmela devorando a Juan Jorge... ¡Ay, Dios! Sus ojos están tan abiertos que ya no dan más, la mirada fija en el lindero del cafetal, taladrando el amanecer que ahora se apura en llegar.

El cafetal se va abriendo lentamente a los claros del día. La neblina deja entrever un amanecer lento, temeroso, y Juan Jorge sale una vez más de las aguas frías del arroyo sacudiendo la cabeza como si quisiera separarla del cuerpo. Se deja secar al aire y comienza a vestirse. ¡Esto no lo hace un hombre de verdad, coño! Julio es su amigo, su vecino. No logra comprender qué poder celestial ejerce Carmela sobre su vida. Es una corriente poderosa que lo arrastra por cualquier camino y bajo cualquier luna sin que pueda oponerle ni un tantito así de resistencia. Carmela clama ayuda y él accede. Carmela dice cómo y él acata. Julio también ha aceptado, dice ella, y Juan Jorge asiente. Un año hace, cuenta Carmela, que Julio no la toca, un año de matrimonio sin sexo, un año de cama compartida con la nada, con el hambre, con la frustración.

Juan Jorge se seca el rostro con el pañuelo. ¡Mira que un hombre no poder hacer nada durante un año con una mujer como ella al lado todas las noches! Humm, eso no hay quien lo crea, a no ser que sea maricón. Pero si Carmela lo dice y le pide ayuda para Julio... A lo lejos muge la vaca que espera el ordeño que hoy no llegará y una brisa ligera le trae desde la casa el olor a humo y a sangre contenida a duras penas. Juan Jorge termina de anudar el cordel de la bota derecha y se pasa los dedos de la mano por la cabeza a manera de peine. Está inmóvil. Nunca se le hubiera ocurrido semejante cosa y no sabe si tendrá valor para estar con Carmela delante de Julio. «¿Tú estás loca o qué te pasa?» Pero si eso no tiene nada que ver, que es sólo para que Julio reaccione, para que vea lo que hacen un hombre y una mujer juntos, para que vea lo que ella es capaz de hacerle sentir a un macho. «Tú no sabes la basura que estás hablando». Pero si lo que Juan Jorge tiene es miedo, no es pena, no; es miedo de que Julio le vaya para arriba y se lo coma a patadas, que si Julio le dijo que lo hiciera, que si él, Julio, no podía, que se fuera con otro; pero que qué va a hacer si ella ama a Julio, y además, que ya le va en capricho estar con él, que es su marido, que si... Juan Jorge aprieta duro los dientes y echa a caminar hacia la casa.

Carmela ha vuelto en silencio. Ni el más mínimo ruido la ha delatado, pero Julio reconocería ese olor a mil leguas de allí. Carmela se sienta nuevamente en la baranda y su rodilla derecha se pega a la mano de Julio. La brisa ha dejado de soplar. Hay un silencio casi perfecto, únicamente roto por unos pasos poderosos que ambos sienten avanzar desde el cafetal. Se estremecen. Instintivamente la mano de Julio comienza a acariciar el muslo por debajo de la saya. Se vuelve muy lento y la mira desde las viejas alpargatas hasta la hebilla del pelo mal recogido. La toma por la cintura y la aproxima hacia su cuerpo. Carmela se deja atraer para luego abrazarle muy suave el cuello, la espalda, los brazos. Julio se siente hervir por dentro, como si todas sus partes se fueran a volar y a dejarlo deshecho.

Juan Jorge sigue avanzando hacia la casa. Percibe el olor salvaje de las fieras en celo. Apura el paso. Juan Jorge casi corre. El amanecer ya se ha adueñado del cafetal y el sol penetra por todas las rendijas de la maraña de hojas, pero huele a diablo, a trampa, a qué sé yo. Se detiene cuando ve la cocina de la casa. Suspira hondo. Siente el olor de Carmela desparramado por el aire y se lo bebe de un trago. Corre hasta la puerta de atrás y la empuja. El olor de Carmela no lo deja avanzar. Con los brazos abiertos se lo vuelve a beber pero pervive. Entonces se lanza hacia la sala desesperado, irracional. El jadeo de Carmela le devuelve el tino. Se deja caer en el único taburete que hay en la habitación. La brisa fresca balancea la cortina de la puerta que da al cuarto y Juan Jorge no quiere mirar, no quiere escuchar los alaridos de alegría de Julio ni las carcajadas de Carmela, no quiere sentir el olor a carne chamuscada, a algarabía sin control.

A duras penas se levanta y llega al fogón de leña encendido desde bien temprano para un café que nadie ha probado todavía. Llora. Se quema las manos al coger una de las brasas. Ruge. Ruge y llora. «¡Carmela, puta, esto sí que no se le hace a un hombre!», y prende fuego al mantel, a las cortinas, al techo de guano. Y Juan Jorge echa a correr hacia el cafetal, con las manos apretándose fuertemente los oídos, perseguido por los hurras victoriosos de Carmela y Julio, y por el crepitar de las llamas que se elevan desafiando la pujanza del amanecer.

MARÍA LILIANA CELORRIO (Las Tunas, 1958). Poeta y narradora. Miembro de la UNEAC. Ha publicado los poemarios *Juegos malabares* y *La barredora de amaneceres*. Poemas suyos han sido antologados en Cuba y el extranjero. Ha obtenido, en cuento, premio del V Encuentro Nacional de Jóvenes Narradores «Manatí» 1996.

La narrativa del terror, el horror y el misterio, no han sido temas muy frecuentes en la historia literaria cubana, contrariamente a lo que ha sucedido en el presente siglo en las de países como los Estados Unidos, Inglaterra, Japón y algunos otros de Europa. Este cuento, que no tiene mucho que ver (sólo en cuestión de estilo y lenguaje) con la cuentística de esta narradora (más conocida por su obra poética), ilustra sin embargo una de las vertientes más cultivadas del cuento en las zonas orientales del país: el horror hacia las miserias de la modernidad en un marco vivencial donde la propia modernidad no tiene cabida, donde la ruralidad adquiere matices realmente estratificados, sólidos e incorruptibles a pesar de la resistencia impuesta por la eterna inconformidad del ser humano.

LOS HOMBRES DE PÁLIDO

Se estaban friendo los pimientos y el olor llegaba hasta mí: María. Salté en un solo pie y cogí el plato gris, plástico, que había aparecido no sé de dónde, y fui a robar un pimiento verde, doradito. Siempre me habían gustado más los pimientos que la cebolla o el ajo, y crepitaban tan gustosamente, que pinché uno con el tenedor y lo pasé a mi plato, pero entonces se viró la sartén encima del plato y para no quemarme la mano lo coloqué encima del fuego y logré echar el aceite hirviendo en la sartén junto con los pimientos; al plato no le pasó nada, ni siquiera se le ocurrió derretirse, sólo el aceite chorreó la fuente y el metal bruñido donde estaban los otros platos vacíos.

La madre volvió a la cocina, miró en silencio mi cara arrebolada y dijo que en la puerta tenía visita. Allí estaban las lesbianas. Una tenía el pelo rizo y los ojos verdes, la otra era «escuchimizada», pero tenía los labios sensuales. Algunas veces nos habíamos sentado juntas en los parques y me habían contado un poco de todo, de los padres, de la monotonía que nos cubría la piel, de cómo se amaban y habían logrado, por fin, vivir en la misma casa, contrarrestando risitas y frases maliciosas de todo el vecindario.

Me gustaba hablar con ellas porque tenían buen humor y por los pequeños detalles de la una con la otra; a veces imaginaba que podía amar a otra mujer y con quien lo imaginaba era con la del pelo rojizo y ojos verdes; en el vaivén de la imaginación me excitaba terriblemente, pero cuando ya casi estaba llegando al clímax, en mi cabeza se aparecía la de los rizos y ojos verdes con un consolador amarrado a la cintura, y me enfriaba a la vez que pasaba a imaginarme estar con un hombre de pene bien gordo, que iba acercando despacito a mi vulva, y entonces sí me agarraba el sexo con las manos y aullaba bajito para que nadie despertara en la casa.

Las dos me sonrieron y abrieron la boca para decir que Don Quijote me esperaba para almorzar urgente, y les dije sí, que aprovecharía para bañarme allá como siempre. Don Quijote era un homosexual conocido muchos años atrás y era un verdadero amigo, además de tener una personalidad peculiar de la que yo había aprendido muchas cosas. Vivía en una sola habitación de un hotel destruido y desechado por el gobierno, y en cuanto me entraba la depresión por falta de comida, tristeza, o simplemente tenía deseos de verlo, iba hasta ese cuarto donde estaba tan bien y era como recibir especies raras traídas del Oriente.

Con los homosexuales varones siempre me pasaba lo mismo: enseguida nos caíamos bien porque ellos comprendían que sabía guardar un secreto y era una persona civilizada, como me decían entre risitas, que estaba un poco más alante que los demás, y eso yo no lo dejaba de comprender cuando me miraba en el espejo y, a pesar de tener treinta y seis años, mis ojos decían que yo debía tener miles de años y de seguro había reencarnado en mi misma persona varias veces, en siglos atrás. Así que la idea de irme para la casa de Don Quijote me llenó de una alegre expectación y me eché la pitusa encima del hombro y cogí los tenis en la mano y salí disparada hacia otra dimensión, a atrapar un árbol un poco más brillante, no con la herrumbre de las convenciones que nos habían impuesto. Pero cuando llegué no era la casa de Don Quijote, sino una casa antigua, grande, de cemento y pintada de azul claro, que tenía un ojo de cristal por el que me sentí espiada y yo reía internamente por tanto sigilo. Me abrieron la puerta. Dentro estaba un homosexual llamado

Amapola y que siempre me había parecido el más festivo de todos; bailaba que era un primor haciendo coreografías en una sala de teatro, y si no era porque había días en que le bajaba una morriña que lo volvía taciturno, sin moscas que se le asentaran, andaba dando vueltas de figurín y hasta una vez se prendió un crisantemo en el ojal de la chaqueta y con unos zapatos blancos me sacó a bailar. Me habría enamorado de él. Esa noche andaba de caballero antiguo y no se le notaba nada. Mirándome con unos ojos donde había una cierta picardía, me susurró de sopetón que si él sintiera como un hombre, esa noche habría pedido mi mano en casamiento.

Todo eso recordé al tenerlo frente a mí con esa camisa de mangas largas, tan inusual por el calor, y algodones puestos en la nariz. Lo peor fue verle las marcas rojizas que le surcaban la cara como monedas, el tufillo que llegó a fenol o desinfectante; él, mirándome de hito en hito y sin sonreír, me impelió a que pasara por el fondo y no me asustara de nada. Tomé la delantera. Traspasé la primera estancia, espaciosa, con dos sillones como único mobiliario, pero las paredes no estaban vacías. Había lienzos colgados. No apresuré mis pasos y fijé la mirada en aquellas pinturas horribles. El primer cuadro tenía un hombre desvaído por el tiempo, sin ojos ni boca, solo en medio de la calle. Me acordé del grito de Munch. De otros salía una mezcolanza de gritos y contorsiones de seres en completa agonía. La última obra hizo que mis pasos se detuvieran por completo. Un reloj de arena y un vaso lleno de margaritas. Los pétalos caían unos tras otros sobre una madera pulida: detrás, entre las sombras de los claroscuros, una sonrisa que se difuminaba. También recordé el gato de Cheshire y toda la fascinación de habitar un momento detrás del espejo.

Crucé la segunda, también vacía, pero aquí el piso era un jeroglífico. Las baldosas tenían complicados arabescos. Mirando la simetría oculta de los triángulos y las flores délficas, un mareo se apoderó de mis ojos. Los cerré un instante y sobre los párpados sentí el leve cosquilleo del laberinto a mis pies.

No quería pisar las baldosas malignas, quería levitar, volverme finita para no ver los dragones de la incontinencia brotando desde el suelo.

La tercera estaba en penumbras y poco a poco fue quitándose la pesadez de mis párpados; intenté apurarme cuando un grito ahogado atenazó mi garganta: sobre las paredes había mascarillas grises. El color no hería los ojos, sólo los semblantes de las distintas cabezas colgadas me hicieron retroceder. Algunas lucían un sentimiento plácido reflejado en el rostro, las más sólo mostraban terror ante la muerte. Allí estaba la cabeza maciza de Beethoven; también la de un pobre diablo, escuálido y con cara de placer: un instinto casi ciego logró sacarme del llamado de sirena de la pared.

De repente llegué a un patio con árboles y una agradable sombra y allí estaban las literas, unas al lado de las otras; las camas blancas, con los homosexuales que yo conocía de vista, por conversaciones superfluas o por un saludo casual lanzado desde la otra acera. También estaba Don Quijote tapado hasta el cuello con una frazada y la cara veteada y pálida como un algodón. Don Quijote tiritaba y le castañeteaban los dientes, casi no podía hablar. Pasé la mirada por todas las camas que estaban en círculo delante de mí, y todos, uno a uno, fijaron sus ojos en mi rostro. Sentí un aire circundándome, un olor a podrido, y con el rabillo del ojo, costras y brazos flacos, por las almohadas pedazos de pellejos, ampollas destilando un agua apestosa, orejas purulentas. Dos se sentaron y uno se paró medio tambaleando. Le miré los dientes entreabiertos, los imaginé en mi cuello, mordiendo, desgarrando, y aquella peste en mis poros, en mi estómago, e inmediatamente les dije que no se podía perder la cabeza por una bobería, y a la vez trataba de buscar un medio subrepticio de salir de allí; hablé atropelladamente de una erupción salida de todas las partes de mi cuerpo curada con una yerba, me puse a enumerar plantas que no conocía, y con el permiso voy a aprovechar para bañarme. Les di la espalda, busqué el baño que estaba al final de la última estancia, casi pegado al patio, empujé la puerta; la llave estaba abierta, y debajo del chorro un hombre blanco como el yeso, lleno de pintas rojas, miró para abajo: no hay sexo, sólo un hueco oscuro. Retrocedo. Me doy en la cabeza con la puerta, trato de sonreír porque afuera otro pálido me espera; le digo con una cara de plastilina que se me ha perdido la pitusa en el camino, enseñando con aire inocente los tenis solos debajo del brazo, enseguida vengo.

Cruzo la segunda estancia, que se hace larga como un almacén, llego a la primera sala, oigo una respiración entrecortada: detrás de mí hay otro pálido; extiende las manos hasta rozar mi pelo, logro abrir la puerta de la entrada, me recuesto a ella respirando fatigosamente, libre al fin de la pesadilla, con la sensación de haberme salvado sólo por un pelo. Voy a echarme a correr, pero hay otro hombre de yeso parado delante de mí, con una sonrisa en el lado izquierdo, con un tic nervioso y una camisa de mangas hasta los puños, y aquella mancha púrpura, casi inocente, que le tapa la nariz, y la peste dulce a carne manida. Trato de salir con elegancia de la situación. Lo tomo del brazo, por encima de la camisa, le digo que así podíamos ser dos para encontrar la ropa perdida. Él no quiere ir, me hace fuerza y trata de acercar su rostro al mío, articular una palabra. Lo empujo suavemente, con decisión lo voy alejando de la casa siniestra; poco a poco converso y converso y río a carcajadas. Está atardeciendo y hago como perro de caza, husmeo detrás de los latones de basura, hago como que busco un tesoro. Sobre la tela de la cima mis manos sienten el sudor del pálido, y así, en esa cantilena, caminamos fuera de la casa, hasta que veo el piano enano, bien oscuro, recortado sobre el césped y tomando impulso, en medio de una sonrisa de áspid, lo proyecto encima del arbolito. Cae y mis ojos lo ven sin equilibrio, todavía tratando de decirme alguna cosa. De mi garganta sale un grito ronco y echo a correr. Enfilo por las calles que no conozco, llego a mi casa, voy recobrando la respiración en la cama, sin fuerza. La tensión va adormeciéndome, aletargándome, cuando oigo el chirrido del timbre sonar y voy de puntillas. Me asomo por el ojo de madera. Ahí está el espectro blanco, el homosexual del crisantemo delante de mi puerta. Corro como en un sueño, abro el estuche de lápiz labial, me pinto manchas por el rostro, subo la sábana hasta el cuello. Voy sintiendo los pasos suaves que paran frente a mí. Tengo cerrados los ojos y la respiración acompasada, pero presiento su rostro cerca del mío por el olor penetrante a rata muerta, y sus ojos miran mis ojos apretados y entonces abre la boca despaciosamente y con un sonido ininteligible me balbucea que por qué miento y estoy pintada como un payaso de circo. «Levántate, sólo queremos que nos ayudes». Y abro los ojos.

DIANA FERNÁNDEZ FERNÁNDEZ (Ciudad de La Habana, 1956). Narradora. Ha obtenido menciones en concursos internacionales y nacionales de cuento. Algunas de sus narraciones han sido incluidas en antologías de Cuba y el extranjero.

Desde la aparición de su cuento «Adiós, papá», en la antología de finalistas del Concurso Internacional Fernando González 1997, esta narradora destacó por un singular sentido del humor al enfrentar dramas cotidianos de la realidad actual, buscando establecer una lectura que sobrepasara los límites de la anécdota, y proponía un modo universal de análisis de ciertos conflictos muy cercanos al hombre del mundo moderno. Ese sentido del humor, unido a una manipulación de lo irónico y lo absurdo que se mantiene a lo largo de toda la historia, es una carácterística básica de su modo de narrar.

SENSACIONES PRIMARIAS

Se abrió la portezuela y las pies femeninas saltaron ágiles a la acera. Si en el auto hacía calor, aquí, aunque el viento acariciaba frescamente los empeines, las plantas se asaban, separadas del pavimento por una fina suela. A los calcañales les iba mejor encima de los tacones.

Se detuvieron de talones al auto durante algunos segundos. Después, la izquierda se ladeó un poco hacia la izquierda: «nada por aquí, ningún pie conocido»; la derecha repitió la operación por la derecha: «por aquí tampoco». Actuaban así, coordinadamente y con cierta independencia, aunque las órdenes venían desde arriba. Tenían también algunas libertades, como rascarse mutuamente, ponerse nerviosas y hasta saltar y moverse, cuando el resto del cuerpo dormía.

Se alinearon y traspusieron la puerta del hotel; se detuvieron frente al elevador y allí esperaron unos cortos minutos. La derecha, más impaciente, comenzó a golpear el suelo. Unos pies masculinos llegaron junto a ellas. La pie izquierda se volvió un poco hacia los recién llegados y los observó atentamente, descartando de inmediato la posibilidad de flirteo, al notar el feo y barato calzado que llevaban aquéllos. Se sintieron ambas superiores, en sus bellos aunque incómodos zapatos rojos. Al abrirse el elevador entraron primero, orgullosas, manteniéndose todo el tiempo altivas, distantes de los otros.

Enseguida reconocieron el alfombrado del piso y echaron a andar, seguras, emocionadas, sudorosas, por la mullida superficie. Una corriente de placer comenzó a recorrerlas desde la yema del dedo gordo hasta el talón, y aumentó de nivel cuando se encontraron frente a frente con un par de conocidos pies masculinos, dentro de unos espléndidos zapatos deportivos color avellana. Los arcos se erizaron. Con rapidez se acercaron acariciantes. La pie derecha, más atrevida, se apoyó sobre sus dedos en una pirueta de elevación. La izquierda recibió una caricia del derecho masculino, aún vestido. Se separaron por un momento y volvieron a unirse. Esta vez, ellas quedaron entre los dos masculinos; luego se movieron un poco y se entrelazaron con ellos, las dos femeninas, empinadas, algo cansadas por la postura.

Ellas se dejaron arrastrar por el piso, no era la primera vez. Adoraban esa sensación de sensual abandono. Después se sintieron en el aire con las puntas hacia arriba, mientras los masculinos, desnudos ya, les caían encima y comenzaban a desvestirlas suavemente con sus hábiles dedos.

¡Qué placer, libres ya de los zapatos rojos!, en total disposición de entrega a los abrazos de ellos. Claro, hay que reconocer que, llegado este punto, sus relaciones se hacían algo promiscuas e inescrupulosas. Se estregaban con uno y otro de los masculinos, indistintamente, y en ocasiones, en el colmo del paroxismo, cuando se calentaban las plantas por completo, se acariciaban espasmódicamente entre ellas, llegando a compartir sus orgasmos con piernas y otros miembros. ¡Era toda una orgía!

Durmieron por un rato, y al sentir el cambio en la brisa que entraba por la ventana abierta, notaron que ya era tarde. Saltaron presurosas y se colaron dentro de los zapatos rojos. Esperaban por el resto del equipo, no sin cierta impaciencia, cuando a la espalda se le trabó el zíper. «Estos son los inconvenientes de pertenecer a un solo cuerpo», pensaron. Lo mismo ocurría cuando se enfermaba alguien por allá arriba y tenían que guardar cama todos. ¡Qué fastidio!

Una vez resuelta la situación, asomaron sus puntas al corredor y echaron a correr escaleras abajo, para evitar encuentros con conocidos en el elevador. Era una hora de mucho movimiento. Al pisar con fuerza en los escalones sin alfombras, se resentían los metatarsos. Llegaron a la puerta principal. Salió primero la pie derecha; luego con sigilo la izquierda. Ambas sintieron en sus empeines descubiertos la brisa marina y evocaron momentos pasados, en los que se hundían en la arena caliente de Varadero y jugueteaban sus dedos con lluvias de granitos cosquilleantes, para después disfrutar de las tibias y saladas aguas. ¡El mar! Abandonaron su instante de éxtasis y subieron al auto a la misma vez. Ahora tendrían que trabajar: acelerar, frenar, soportar ese calor allí abajo y después caminar por las aceras candentes herencia del mediodía.

Después de un nervioso frenazo, se hallaron nuevamente frente a una fachada conocida. «¡Ah, la peluquería!», pensaron con placer, disfrutando con anticipación su encuentro con muchas pies amigas. Al entrar notaron con decepción que ni había tantas, ni eran las esperadas. Así que se saludaron con algunas sin mucho interés, intercambiando halagos insinceros. Al fin aparecieron sus amigas verdaderas: las pies peluqueras, tan enrojecidas, hinchadas y quejosas como siempre por largas horas de trabajo sobre ellas. ¡Tantas veces les habían aconsejado cambiar de trabajo! Se acercaron mucho al saludarlas con cariño, y de inmediato entraron en el asunto que las había llevado allí. La pie derecha se movió impaciente arriba y abajo intentando convencer a sus amigas. Éstas, indecisas y cansadas, anduvieron sobre sus pasos, una y otra vez adelante, atrás, describiendo pequeños círculos; golpearon el suelo con los talones y movieron los dedos al unísono. Pero las pies visitantes insistieron y se pegaron a ellas cariñosas, apelando a su amistad de tantos años, pidiendo apoyo. Las pies amigas levantaron las puntas y las dejaron caer vencidas: «Está bien, pero sólo si me preguntan», fue el mudo pero expresivo acuerdo, a pesar de lo gastado de la excusa.

Las pies de zapatos rojos salieron casi corriendo de la peluquería, y volaron por las calles en el auto. En determinados momentos, al manejar, actuaban casi por sí mismas, sin esperar las órdenes de arriba, sorprendiendo con frecuencia a la cabeza con su proceder seguro y rápido.

Al llegar a la casa, se quitaron mutuamente los zapatos, se frotaron como buenas hermanas y anduvieron descalzas hasta el baño. Allí dieron algunas vueltas, tropezando a veces con la base del inodoro, otras contra el gran cesto de la ropa sucia. Cruzaron por encima del borde de la bañadera y se introdujeron en un tibio pediluvio de agua con sal; se frotaron con deleite, con un deleite semejante, aunque no del todo, al de las orgías. Casi sentían las caricias y el rubor. Pasos que se aproximaban por el pasillo detuvieron sus estallidos de placer; temblaron y oprimieron con los diez dedos el recipiente de plástico, hasta quedar sus uñas completamente blancas.

Entraron al baño los pies masculinos. Las pies femeninas saltaron del pediluvio al afelpado del piso, para recibir a los otros con ligeros y atemorizados estremecimientos. Mojadas aún, se rozaron desganadas con los recién llegados maridos, que se habían acercado para saludarlas. Las pies se empinaron en un beso; los masculinos, posesivos, se introdujeron entre ellas y las pisaron torpemente con sus mocasines negros; ellas retrocedieron adoloridas; ellos salieron haciendo un ruido estrepitoso.

Por la noche se vistieron con hermosas y altas sandalias plateadas. Se veían esbeltas y seductoras. Contrastaban con su piel trigueña, las uñas pintadas de rosa perla. Los maridos, enfundados en unos modernos zapatos de piel mate, vinieron a su encuentro y las escoltaron hasta el auto. Durante el viaje no se acercaron demasiado. Las pies se mantenían en el extremo derecho, evitando cualquier contacto accidental con los masculinos.

En la fiesta había centenares de pies de diversas profesiones y medios económicos. Ellas eran capaces de distinguir sus oficios y hasta sus enfermedades, o al menos aproximarse a la verdad, solamente tomando en consideración las formas anatómicas, el color, las venas, los atuendos. Desmerecían mucho para ellas, aquellas que usaban cadenitas, las creían vulgares y de poca clase. Despreciaban profundamente a los pies masculinos que no llevasen sus medias: «¡Uf, esa nueva moda de no usar ropa interior!» Hicieron amplios movimientos de reconocimiento hacia algunos de los presentes y las sorprendió la enorme cantidad de pies viejos en el lugar, aunque después aceptaron que estaban muy elegantes con sus medias de seda y sus zapatos de buenas marcas, y bien acompañados de muy jóvenes y preciosas pies femeninas. «¡Cómo se ve que es una fiesta de extranjeros!» Entre tropezones, saludaron tocándose puntas con sus amigos y con algunos conocidos de importancia, a veces apareándose en cortos paseítos; otras deteniéndose y golpeando el piso alegres o impacientes. De pronto se encontraron con ellos allí, inconfundibles, calzados de negro. Las pies, aunque sabían que ellos estarían, se sorprendieron gratamente al descubrirlos. Sentían enormes deseos de acercarse, acariciarlos. De sólo recordar la espléndida tarde que juntos habían pasado... Se alejaron retrocediendo lentamente aún en su contra, no podían arriesgarse allí mismo. Al volverse, tropezaron asustadas con sus pies maridos, que las observaban estáticos, expectantes.

Ahora bailaban. Aparte de sus encuentros con sus amantes, este era su placer mayor: bailar. El baile las enajenaba, las ponía a volar. Sus maridos las llevaban bien por el salón, no lo hacían nada mal, aunque hay que reconocer que los otros lo hacían mucho mejor, con mayor soltura y experiencia, como todo lo demás. Tras esa pieza los maridos se alejaron para descansar y refrescarse en la terraza. Ellas aprovecharon la oportunidad para moverse a uno y otro lado. Hicieron breves giros y pisaron sin querer algunos vestidos largos, mientras buscaban a sus amantes, que inesperadamente aparecieron junto a ellas. Bailaron juntándose, más y más cada vez, durante dos piezas seguidas. Al percibir de lejos que los maridos se acercaban, se despidieron con premura. Un papelito doblado se introdujo debajo de la pie derecha, que lo apretó con fuerza, contra la plantilla, para que no cayera al piso. Eso significaba próxima cita. Los maridos aparecieron frente a ellas; se movieron nerviosos, insistentes, a duras penas lograron convencer a las esposas de partir. Cansados y tensos, sacaron a sus esposas a vivos empujones. «¡Qué vergüenza, delante de todos!»

En el auto la tirantez no disminuyó. Las pies se apretaban contra el suelo, mientras los maridos, ebrios, manejaban con torpeza, dando bruscos cortes y frenazos.

En el apartamento, ellas, seguidas de cerca por sus parejas, abandonaron presurosas sus sandalias plateadas, y se metieron en la cama, de talones al espacio de ellos. No tenían la menor intención de propiciar un encuentro sensual, ni siquiera cordial, después de tanta grosería.

Los maridos llegaron junto a la cama en un pesado arrastrar de pasos. Voltearon la sandalia derecha, y de ella se deslizó el papelito doblado. Lo extendieron con las puntas de los zapatos, y enfurecidos, haciendo crujir la piel a cada pisada, marcharon hasta el lado opuesto, para encontrarse de frente con las pies. Ellas permanecieron donde estaban, indiferentes; ellos patearon el piso, volvieron, retrocedieron, giraron varias veces en el mismo tramo de mosaicos.

Las pies no aguantaron más. Saltaron de la cama y echaron a correr por la habitación en dirección a la puerta. Pero de golpe se sintieron arrastradas hacia atrás. Intentaron detener el cuerpo, lanzado y vapuleado en todas direcciones. Intentaron detener las caídas y ayudar, sujetándose con dedos, talones y empeines, a cuanto mueble encontraban a su paso. Mas volvían a ser arrastradas con violencia, volcando sillas y mesitas. De pronto los talones cayeron al piso golpeándose. Algo terrible pasaba por allá arriba, porque un frío intenso comenzaba a apoderarse de ellas. Los maridos retrocedieron asustados. El frío las invadía, ganándolas milímetro a milímetro. «Nos helamos». Sintieron temblores, después espasmos. Los dedos pulgares se estiraron y cayeron hacia adentro, uno junto al otro. Los pies maridos continuaban allí, mirándolas inmóviles.

GINA PICART BALUJA (Ciudad de La Habana, 1956). Narradora. Obtuvo en 1990 el premio cuento David y el Pinos Nuevos en su primera edición. Tiene publicado el libro de relatos *La poza del ángel* (Editorial Unión, 1994).

Por excelencia una narradora de literatura fantástica, Gina sabe crear (recrear) mitos, hechos históricos, personajes bíblicos y cotidianos, y conducirlos por los caminos de su abierta fantasía hacia un mundo donde siempre hay un Prometeo llevando la luz a los pobres mortales. La seguridad narrativa con la cual conduce los hilos de sus historias, la sólida configuración psicológica (y hasta carnal) de sus personajes (que se debaten en la mayoría de los casos en el eterno raid del protagonista vs antagonista), y un dominio casi perfeccionista del lenguaje, dejan en sus cuentos la impronta de la calidad y la agradable (y enriquecedora) lectura.

EL DRUIDA

A la Dios Blanca y su druida.
A Robert Graves, el maestro.
A Yanelda, la Blodeuwedd
que tenía esta historia en su
bolsa de grullas.

Una bandada de grullas volaba frente al sol. Sus cuerpos dejaban estelas en el cielo, arabescos fugaces que desaparecían para volver a dibujarse en un segundo conformando un mensaje que pocos hombres podían comprender. El más anciano de los druidas observó atentamente el desplazamiento de las aves sagradas y anunció a los demás que presagiaban muerte y el final del acoso. Ocultos en el corazón de un bosque donde sus antepasados habían adorado a los antiguos dioses, los druidas eran ahora trece hombres solitarios perseguidos por su propio pueblo. Los celtas seguían hoy a un dios extranjero, un pobre carpintero crucificado en tierras lejanas donde nadie había estado jamás.

Los sacerdotes de este nuevo culto eran seres sombríos venidos de más allá de Bretaña, más allá de las Galias, de orillas del gran mar donde siempre brilla el sol y la cálida tierra es raramente visitada por los espíritus del agua. Su jefe, llamado Patrick el Siervo, era un hombre del sur de Gales capturado por guerreros de Irlanda en un raid y traído como esclavo a la isla verde, el país de los sidhes. Seis años después, Patrick logró escapar del cautiverio y huir al continente, donde se refugió en una de aquellas grandes comunidades de monjes, todos sombríos y oscuros, que veneraban al Crucificado. Y cuando ya nadie lo recordaba, Patrick había regresado convertido en un jefe, un azote que echó por tierra los viejos dioses, a quienes los celtas adoraban desde los tiempos remotos en que los Tuatha de Daanan fueron vencidos y se convirtieron en los Señores de los Muertos.

Pero aquello no bastó a Patrick el Siervo. Con su energía indomable y su palabra incendiaria había decretado el fin del druidismo. Persiguió a quienes se negaron a desertar y asesinó a los druidas con la mayor crueldad. El populacho, enajenado con sus prédicas salvajes, dio muerte a los sacerdotes del roble durante día y noche al pie de las murallas, en las puertas de las ciudades, bajo los árboles sagrados, sobre los altares y donde quiera que se refugiaban huyendo de las matanzas. Cuando ya su número no sobrepasaba dos cifras en toda la isla, Patrick detuvo a los suyos. Había llegado el momento de matar la memoria misma, la doctrina druídica. Patrick tenía una mente fría y sabía cómo debía proceder: primero desacreditaría las viejas creencias y luego las borraría del recuerdo de los celtas como quien sopla para esparcir el polvo en el viento. De acuerdo con este plan, envió a los druidas un mensajero para anunciarles la orden de presentarse a una ordalía. Los druidas no comprendieron al principio. Estaban tan habituados a huir para evitar la muerte que aquella citación para comparecer en un juicio de Dios les tomó por sorpresa. El más viejo gritó al enviado:

—¡Patrick quiere tendernos una trampa! ¡Quiere atraernos a algún sitio lejano para darnos muerte como ya hizo con nuestros hermanos!

Un druida joven llamado Ainnle se abrió paso entre sus superiores:

—Si realmente son esas las intenciones de Patrick, entonces vayamos a su cita y demostrémosle que los sacerdotes del roble no somos cobardes. Ya hace tiempo que estamos condenados. Más vale que el galés nos hiera de frente a que nos tumbe por la espalda, como hiere el cazador con sus flechas a la presa que huye.

Sus palabras se impusieron extrañamente, y el anciano jefe de los druidas aseguró al enviado que él y los suyos acudirían al lugar señalado por Patrick. Después le preguntaron en qué iba a consistir la ordalía, si sería un juicio por el agua, o por el fuego, o por las varas del monte, pero el monje se negó a ofrecer explicaciones, limitándose a ordenarles en el nombre de Patrick que llevaran todos sus libros sagrados al lugar de la cita. Luego les dio la espalda altivamente y desapareció más allá de los árboles.

Cuando creyeron que ya estaría lejos, los druidas debatieron entre sí la posibilidad de escapar. Aún tenían por delante un día y una noche. Podían alcanzar la costa y de ahí pasar a Alban, la tierra de los pictos tatuados, donde sin duda encontrarían salvación. Todos estuvieron en favor de la idea, menos el joven Ainnle, que se opuso otra vez:

—Vayamos con Patrick —dijo—, porque nuestros dioses son verdaderos. Si el monje falta a su palabra y nos masacra, que la deshonra caiga sobre su nombre y nuestra sangre, sobre los huesos de su Crucificado.

Y nuevamente su voz se impuso. Ainnle había sido iniciado en su religión, no en los grandes colegios druídicos ya desaparecidos, sino por un maestro personal, un druida ciego, gran conocedor de la historia y la magia de los celtas. El muchacho aprendió de memoria tantos versos como los druidas mayores y quizás más, y estaba muy instruido en el conocimiento de las yerbas y las plantas medicinales, los mecanismos del tiempo y otras muchas ciencias. Aunque de extrema juventud, era discreto, y en dos cosas se parecía a Patrick: su inteligencia era fuerte y clara y poseía un corazón que no se amilanaba. Desde pequeño vivía huyendo con las pocas familias que aún veneraban al gran Dagda, a Lug de la Mano de Plata, Ogme Cara de Sol y la diosa Briggitta. Ainnle nunca había dormido sobre un lecho, no poseía joyas ni monedas, y de él puede decirse que pertenecía a la estirpe de los que nada tienen que perder.

Los viejos druidas estaban cansados de luchar y ocultarse, de temer y esperar. Comprendieron que ante sus ojos se había revelado un nuevo líder y se plegaron a él por instinto. Aquella noche durmieron por última vez bajo los robles, arrullados por un viento que arrastraba las voces de los muertos, pero las claves de interpretación se habían perdido y no pudieron desentrañar sus mensajes. Sólo Ainnle fue visitado por una figura inconfundible: el gran Dagda, con su túnica de piel y su pesada maza al hombro, vino a ordenarle que protegiera, aun a riesgo de su vida, la sabiduría druídica. El dios desapareció envuelto en la misma niebla que lo trajo del norte lejano junto a los otros Tuatha para reinar sobre Irlanda.

Al alba todos despertaron. Después de comer algunas bayas se reunieron en torno al fuego y Ainnle les expuso el plan que había concebido durante la noche: quitarían a los sagrados libros sus viejas cubiertas de madera de haya y las rellenarían con láminas de corteza fresca recién sacada de los abedules. Los libros verdaderos serían escondidos en algún sitio donde Patrick jamás pudiera descubrirlos. Ainnle estaba seguro de que el galés, con su horror a todo lo pagano, jamás tocaría los libros falsos que ellos llevarían a la cita y caería fácilmente en la trampa tendida por los druidas.

Los sacerdotes del roble obedecieron al nuevo jefe. Las carnes de sus dedos quedaron desgarradas entre las astillas de los duros troncos, pero el bosque sagrado no escuchó ni un lamento. Aquellos hombres, guiados por Ainnle, trabajaron apretando los labios para sofocar el dolor; se secaban la sangre en sus túnicas sucias de tierra y continuaban la extraña tarea poniendo en ella toda su alma. La noche llegó presidida por una luna que derramó su turbia luz sobre los libros terminados. Ainnle celebró una pequeña ceremonia de agradecimiento al gran Dagda y luego permitió dormir a los ancianos maltrechos por el trabajo y el terror. Al amanecer partieron rumbo a su destino. Iban todos menos uno, elegido por Ainnle para llevar sobre sus hombros los libros auténticos a un escondite que sólo los druidas conocían. Y el secreto debía ser protegido a cualquier precio.

Patrick aguardaba sobre un montículo a orillas del raudo Boigne. Muchos años atrás en este río desovaban salmones consagrados a los dioses, pero los cristianos eran hábiles pescadores, especialmente los viernes, día en que la carne roja estaba desterrada de su mesa. Y ahora el río parecía deshabitado. En la cima de la colina, Patrick, envuelto en su grueso manto negro, semejaba un gran murciélago sombrío, y mientras vigilaba con ojos rapaces el camino, tiritaba recordando con pesar el benigno calor del sur de Galia. Su mensajero le había hablado del joven Ainnle, y el galés estaba ahora preocupado por el surgimiento de este nuevo caudillo. Los druidas, pensó, eran como aquella hidra de siete cabezas a la cual nadie podía matar completamente, pues cuando le cercenaban una cabeza en el muñón nacían otras siete a cuál más pujante. Pero él ya estaba cansado de matar. La sangre derramada por sus seguidores y rápidamente bebida por la tierra, brotaba de ésta nuevamente bajo la forma de un vaho perturbador de los sentidos y provocador de visiones, pues qué era si no su pesadilla de cada noche, en la que se le aparecía su antiguo amo irlandés apuntándole con diez dedos de los cuales brotaban diez ríos de hormigas que corrían a devorarle las carnes. En vano trataba de protegerse contra ellas el soñante, pues las hormigas agresoras, no contentas con hacerle mil heridas, penetraban por la abierta piel intentando llegar hasta las vísceras humeantes. Patrick conocía el poder de las maldiciones druídicas y había visto a muchos morir por causa de ellas, pero él se consideraba a salvo, pues su Crucificado era más fuerte. No obstante, se ciñó más el manto en torno a su cuerpo y sus dedos palparon maquinalmente la cruz de plata que llevaba al cuello. Mientras, su pie trazaba sobre la yerba húmeda los antiguos signos del conjuro.

No tardó en aparecer a lo lejos la procesión de los druidas como una sierpe que se arrastra sobre el polvo. Ante ellos se alzaba la planicie junto al río, cubierta por una multitud que portaba miles de antorchas. Eran los renegados, traidores a sus dioses ancestrales, abanderados del cristianismo triunfante traído por Patrick. Estaban allí para ser testigos del resultado de la ordalía. Y no podía ser otro que el triunfo del verdadero dios.

Allí junto al Boigne debía consumarse la humillación definitiva de los sacerdotes del roble. Después los dejaría partir, salvo, quizás, a Ainnle.

Los druidas avanzaban penosamente, abatidos por el peso de sus años y el de los falsos libros que acarreaban sobre sus espaldas. Ainnle venía al frente. No había sido su deseo. Hubiera preferido ocupar su puesto al final de la hilera como correspondía a su extrema juventud, pero la vejez quita los ánimos y los ancianos druidas tenían enraizado el miedo en sus corazones; por ello cedieron al joven la cabeza de la procesión, en la esperanza de que si la cólera de Patrick se desencadenaba, caería sobre Ainnle la mayor parte de ella. Él lo sabía, pero estaba lleno de compasión por sus hermanos tan castigados. Avanzaba con los ojos clavados en la tierra, guardando toda su resolución para enfrentarse con el implacable asesino de los suyos. Sus sandalias dejaban al pasar una estela brillante sobre el sendero hinchado de rocío.

Patrick descendió del cerro majestuosamente y los dos hombres se encontraron frente a frente. Patrick contempló en silencio al joven jefe. Ainnle permanecía ante él con los párpados bajos. Patrick lo encontró frágil, vio que temblaba imperceptiblemente bajo sus blancas vestiduras y se rió de la rama de muérdago que el joven druida sostenía entre sus dedos. Entonces Ainnle, muy despacio, levantó su rostro hacia el orgulloso cristiano y le clavó en los ojos sus pupilas de un límpido azul, con tanta fijeza que el otro parpadeó. Patrick había aprendido muchas maneras de dominar a los hombres y tenía también ojos de fuerza y fuego, pero al ver los de su adversario, reconoció en ellos el antiguo poder de los dioses exterminados. Un escalofrío le recorrió la médula en forma tan súbita, que no tuvo tiempo de reprimir un movimiento delator. Ainnle aparentó no haberlo visto, pero siguió mirando a Patrick sin pestañear, cada vez más fijo, cada vez más hondo, mientras su cuerpo permanecía inmóvil como un alto menhir. No buscaba nada en los ojos de su verdugo; sólo quería que éste se mirara en los suyos. Patrick deseaba intimidar con su mirada a su cercana víctima, pero no consiguió más que verse reflejado en el esmalte celeste de otros ojos, y allí reconoció su propio rostro, ávido y seco igual que un fruto lejos de su estación, y tuvo miedo de que alguien más le sorprendiera aquel secreto: él, elegido por Dios para clamar por todo el mundo la Gloria de Su Hijo, no guardaba ninguna semejanza con las imágenes del dulce Galileo contempladas allá en su monasterio provenzal. Su semblante seguía siendo el de un esclavo endurecido por el trabajo, envilecido por los golpes y sometido por el hambre. Un rostro sin piedad y sin amor.

A una señal de su brazo, los druidas dejaron caer sobre la tierra los pesados libros, agradeciendo que se les librara al fin de aquella carga. Los grandes libros de madera chocaron contra el suelo pedregoso como un trueno profundo. A una segunda señal de Patrick otros monjes los arrastraron junto al lecho del río. El monje que había actuado como mensajero entregó a Patrick una Biblia encuadernada en pergamino y con remaches de cobre. Patrick la tomó con reverencia entre sus manos y avanzó hacia la orilla indicando a Ainnle que lo siguiera. El joven druida obedeció. El sol le daba de lleno en el rostro y era fácil ver que había palidecido repentinamente. En verdad ya comenzaba a comprender lo que se proponía el monje negro. Patrick, con gesto teatral, lanzó a las frías aguas su preciosa Biblia y enseguida la corriente la arrastró lejos. Sobre el campo reinaba un silencio total. Patrick dejó de mirar el río y se volvió hacia Ainnle con expresión conminatoria. Ainnle dio un paso al frente y tomando entre sus brazos el más pesado de los falsos libros druídicos también lo lanzó al río. El volumen se hundió al instante. Ainnle lanzó otro, y luego un tercero, hasta que todos desaparecieron dejando apenas una marca fugaz sobre las ondas. Cien metros más lejos, el monje mensajero se arrojó al Boigne para emerger llevando en alto la Biblia rescatada. Patrick la recibió de sus manos, subió con ella a la cima de la colina, y alzándola sobre su cabeza con gesto triunfal, la mostró a la multitud. Un grito unánime brotó de las gargantas enardecidas y mil antorchas se elevaron al sol. El más anciano de los druidas cayó de rodillas sobre la tierra sacudido por el llanto.

Patrick recibió a Ainnle en la granja donde se alojaba y sostuvo con él una larga conversación. Habló de Cristo y de la conveniencia de servirle porque era el Hijo del Dios verdadero, la única esperanza de salvación para los hombres, y expuso todas las razones y argumentos que desde hacía tiempo utilizaba para imponer su verdad. Ainnle lo escuchó en silencio manteniendo los párpados bajos, en espera de la sentencia final. Sabía que antes de matar por fe, los cristianos concedían a la víctima la posibilidad de abandonar su religión y adoptar la del Crucificado. Para su sorpresa, esta vez Patrick ofreció mucho más: Ainnle podría retirarse con sus compañeros hacia alguna isla del norte, donde fundaría un monasterio para difundir la nueva fe, y allí, entre oraciones y penitencias, serviría al Señor hasta que fuera llamado a su regazo. Ainnle pidió unas horas para despedirse de sus dioses. Patrick accedió, pero retuvo a los ancianos druidas como rehenes. Ya no necesitaba derramar más sangre y los mártires siempre resultan peligrosos.

Ainnle partió de inmediato sin que nadie le hiciera preguntas. Remontó la corriente del Boigne ocultándose entre los matorrales de la otra orilla. La caída de la noche lo sorprendió ante las puertas del castillo de Dagda, el túmulo circular de Brug na Boigne, alta colina revestida con cristales de cuarzo que albergaba en su cima una vieja fortaleza y en su base una tumba aún más remota. Siglos llevaba deshabitada, pero antaño había sido la entrada principal al mundo de los sidhes, la patria del gran Dagda, de Lug de la Mano de Plata, Ogme Cara de Sol, que dio el alfabeto a los hombres, y de Briggitta, la bruja, también matrona y doncella, y de todos los Tuatha, misteriosos guerreros y magos de la niebla, llegados del norte lejano para ganar el señorío de Irlanda, en tiempos de los cuales ya se borraba la memoria entre los vivos.

Si hubiera sido de día, el resplandor de los cristales de cuarzo brillando al sol habría cegado al druida, pero en medio de la noche el túmulo no era más que una enorme masa negra cercada por un cinturón de piedras planas. Ainnle no buscó el camino hacia la fortaleza, porque sabía que no encontraría allí más que unas cuantas monedas romanas ennegrecidas por la lluvia y restos de venablos sepultados entre las piedras. Aquello no le interesaba. Dirigió sus pasos por el sendero que conducía a la entrada de la tumba, oculto bajo un manto de césped rebelde. Antes de alcanzar la puerta sacó de entre los pliegues de su túnica la rama de muérdago, seguro talismán en el camino al más allá, sin la cual ningún druida habría intentado jamás una visita al país de los sidhes.

Le esperaba una sorpresa: la piedra en forma de rueda que debía cerrar la entrada a la tumba estaba corrida, dejando libre el acceso al interior del túnel subterráneo. Del dintel colgaba una lamparilla tan diminuta que podría confundirse con el nido de una única luciérnaga. Ainnle, embargado por el ruido interior de sus penalidades, había olvidado que aquella era la noche de Samhain, antigua fiesta celta que daba fin al año viejo y saludaba el advenimiento del nuevo. En tiempos de sus tatarabuelos aún se celebraban la muerte del fuego viejo, las danzas circulares con antorchas que imitaban la rueda del sol y las carreras de mujeres y caballos precedidas por un rey victorioso. Pero todo había terminado con la llegada del triste Carpintero. Del antiguo esplendor sólo quedaba ahora aquella tímida llamita ardiendo apenas entre las sombras. Y ya era mucho que alguien persistiera en mantener una tradición que podría costarle la muerte. ¿Quedaba aún una persona dispuesta a iluminar el camino a los sidhes para que regresaran como antes a mezclarse con los hombres? Alguna muchacha quizás, que querría recibir en su vientre la divina simiente para parir héroes el próximo verano. Podía imaginarla en el interior de la cámara sepulcral, temblando arrodillada a la espera del dios que ya vendría a fecundarla.

Se imaginó apareciendo ante ella, se imaginó que la abrazaba, que se hacía pasar por el dios y entraba a ella como si entre sus dulces muslos de doncella existiera otro túnel y al final otra cámara, pero no para enterrar un cadáver, sino para plantar un cuerpo vivo al abrigo de la sangre caliente; una cámara de vida para su semilla de hombre mortal. Él no era un monje negro, no le estaba prohibido el placer de la carne y siempre había ardido en soledad. Con este pensamiento prendido en el alma penetró en el túnel angosto, sintiendo la pegajosa frialdad de las losas adherirse a su piel. Se estremecía como un gato mojado, pero siguió avanzando a duras penas, pues su estatura era mayor que la normal y le costaba un gran esfuerzo reptar doblado en dos como una rama quebrada.

La cámara mortuoria estaba envuelta en un suave capullo de luz. En su interior Ainnle percibió unas artesas de piedra apiladas cerca de una pared. Sobre la losa plana del altar yacían dos esqueletos muy juntos y coronados con astas de ciervo, y en el suelo una piel de toro blanco recién sacrificado. Sólo entonces Ainnle recibió en sus narices el olor a sangre fresca. Las artesas rebosaban de ella. Obviamente alguien había preparado el escenario para la ceremonia que los antiguos llamaban Imbas forosnai, sólo realizable por un druida. Nadie que no lo fuera se habría atrevido a beber la sangre del toro blanco y a envolverse en su piel para invocar las almas de los muertos. Ainnle comprendió que su presencia era esperada y buscó en la penumbra ansiosamente a la muchacha que había imaginado y a quien creía ya predestinada a él por los dioses, pero el recinto estaba vacío.

Había, sin embargo, algo raro en el viento que llegaba de fuera y le acariciaba la nuca con dedos invisibles. Era el poder vibrando en el aire, el poder lo reclamaba como suyo, y Ainnle comprendió que estaba allí para entregarse, no a una seductora carne de mujer, sino a las oscuras fuerzas del fuego y del viento, a la magia profunda de la tierra y las aguas. No pensó en resistir. Bebió la sangre del toro en el cuenco de sus manos, se envolvió en la blanca y tibia piel y se echó a dormir invocando a las visiones.

No tardaron en presentarse, pero esta vez no fue el gran Dagda con su túnica de pieles y su maza de roble quien acudió al llamado del druida, sino un hermoso joven de cuyo rostro manaba un resplandor brillante. Ainnle reconoció al dios Ogme, señor de las letras del ogham, que a muy pocos mortales permitía contemplar su faz resplandeciente. Ainnle se dispuso a escuchar la palabra del dios, pero este sólo pronunció dos breves frases:

—Lleva contigo mi bolsa de grullas a la casa del héroe. Tú serás su guardián hasta el fin de los tiempos.

El dios entregó al druida una bolsa que pendía de su pecho y comenzó a desaparecer borrándose lentamente hasta ser sólo viento. Ainnle despertó de su trance y se miró las manos vacías. Sabía que el contenido mágico de la bolsa consistía en las tijeras del rey de Escocia, el yelmo del rey de Lochlainn, los huesos de Assail el bandido, el garfio de Goibne, el manto del rey del mar y una tira del lomo de una gran ballena, lo cual no era más que un juego de símbolos para nombrar las letras del ogham del bosque. Ogme había nombrado a Ainnle guardián de la antigua sabiduría celta por los siglos de los siglos. Amén, habría dicho Patrick si hubiera estado allí, pero el druida se encontraba solo.

Ainnle emprendió el camino de regreso con su rama de muérdago y su encomienda fantasma. Patrick no se sorprendió cuando el joven aceptó humildemente su oferta: sabía que Ainnle era aún demasiado joven para amar la muerte. Allá lejos, en una isla desierta del norte, no podría convertirse jamás en un caudillo peligroso capaz de levantar a aquellos pocos de entre los celtas que aún odiaban al Crucificado. Ya no habría más intentos de restaurar a los antiguos dioses con sus orgías de sangre sobre los altares. ¡Fuera los cultos salvajes, la estúpida adoración a los árboles, el fuego y las piedras sin alma! Todos, todos unidos en la mansedumbre del Señor, toda Irlanda marcada con la cruz, el pasado enterrado y con él la memoria de Patrick el siervo. Que así sea.

Al amanecer, Ainnle y los suyos fueron bautizados en las frías aguas del Boigne. Ainnle no parpadeó cuando Patrick derramó sobre su frente el líquido lustral. Después fueron enseñados a rezar el Padrenuestro y se les entregó la misma Biblia salvada de la corriente por el monje mensajero, y por último les hicieron cambiar sus blancas vestiduras por las negras sotanas de los monjes de Patrick. Luego fueron escoltados hasta la costa y embarcados en la nave de un pescador, quien los condujo a una isla desierta cuidadosamente señalada por el mismo galés sobre un mapa improvisado en corteza de abedul. Desde aquel día sería la morada de los últimos druidas.

Ainnle recorrió el lugar y comprobó que era en realidad una antigua isla oracular destinada a ser el último refugio de un rey muerto custodiado por las hadas. Así lo confirmaban la posición del islote en la desembocadura de un río, y el hecho de tener en su mismo corazón una tumba circular rodeada de robles. Ainnle exploró la tumba, pero la halló vacía. ¿Dónde estaba el héroe que debía ocuparla? Tampoco escuchó las voces de las hadas.

A toda prisa comenzó a edificar el monasterio concebido por Patrick. Apenas colocaron la primera piedra murió el más anciano de los druidas. No pudo soportar los nuevos rezos, que se hicieron pesados a su lengua y terminaron obstruyendo en su garganta el camino del aire. Ainnle quiso sepultarlo en la cueva oracular, pero los otros druidas se negaron por temor a que Patrick descubriera su falsa conversión. El muerto tuvo cristiana sepultura en las raíces de un tejo, acompañado por unos cuantos gusanos de los cuales no tardó en ser pasto.

Un mes después, las primeras chozas en forma de colmena estaban listas para recibir a los cristianos que venían de tierra firme, atraídos por la promesa de la vida monástica. Algunos eran druidas renegados; otros, fervorosos cristianos, y todos juntos alababan al Señor con voces claras y llenas de entusiasmo a las que de vez en cuando escapaban notas falsas. Con el tiempo, Ainnle obtuvo de Patrick la autorización para abrir una pequeña escuela. Quería, dijo, instruir a los jóvenes en el temor de Dios. El galés, dedicado por entonces a otros asuntos, envió distraídamente el permiso, y unas semanas después, Ainnle se encontró de pie frente a un puñado de adolescentes armados con tablillas y estilos. Pero Ainnle el druida, metamorfoseado por obra y gracia de la Historia en Clonann el monje, conservaba bien impreso en su memoria el mensaje de Ogme Cara de Sol. Contempló a sus alumnos, sus jóvenes cabezas tonsuradas, su ardor por la fe, y comenzó a impartirles la primera lección:

—Los druidas —dijo— eran seres perversos, adoradores de ídolos y bebedores de sangre, paganos malditos que odiaban al Señor, al único Dios verdadero. Patrick los venció en combate singular, y a los últimos doce los derrotó en una ordalía a orillas del Boigne, donde la Biblia triunfante flotó sobre las aguas mientras los libros druídicos, plagados de mentiras, se hundieron hasta el fondo en menos tiempo del que trina un avefría.

Los alumnos rieron divertidos y alguien clamó a voz en cuello por la muerte.

—Guardad vuestro fervor para mejores causas, pues los druidas muertos están desde hace tiempo, pero todo hombre tiene la obligación de conocer muy bien a su enemigo, porque la ignorancia es una trampa peligrosa. Así, pues, nuestras primeras lecciones estarán dedicadas a conocer a fondo las supersticiones paganas de los druidas, a fin de que no puedan nunca con nuevo ropaje renacer entre nosotros ni nuestra descendencia. Preparad las tablillas. Los Tuatha de Daanan eran un pueblo de magos y guerreros que llegaron del norte envueltos en una niebla mágica para hacerse señores de Irlanda.. Los druidas eran sus sacerdotes, versados en toda arte y toda ciencia, desde la posición que ocupa cada tierra sobre el huevo del mundo hasta el empleo de las plantas y arbustos para curar todos los males del cuerpo y del espíritu. Podían dominar el agua y la tierra, el viento y el fuego, hablaban más alto que los reyes en los torneos de poesía, y enseñaban que, al morir, el alma encarna en sucesivas formas antes de regresar a la Tierra en cuerpo humano para cumplir con un nuevo destino.

Y los monjes oscuros escribieron en latín las antiguas historias de los celtas, maravillados ante el extraño mundo que el Abad Clonann desplegaba ante sus ojos. Con el tiempo aprendieron a grabar en sus tablillas las letras del Ogham, y a escribir con ellas los nombres de los reyes antiguos y sus grandes batallas. Aprendieron muchas cosas más, ellos y otros que les sucedieron en el monástico recinto.

El tiempo fue pasando. La juventud de Ainnle se mezcló con el viento y las nieblas del lago. Un cementerio fue creciendo en torno al monasterio mientras la cueva sepulcral continuaba vacía. Ya no quedaba del druida más que el brilio de unos ojos que alguna vez sirvieron como espejo para que otro hallara en ellos su reflejo. Ya ni siquiera podía andar apoyado en su báculo. Dos novicios lo trasladaban de aquí para allá sentado en una silla. Toda la comunidad le veneraba como genuino heredero de Patrick y defensor de Cristo. Era el Abad.

Una noche se encontraba meditando bajo los robles cuando escuchó por primera vez el canto de las hadas. Era una triste melopea que sólo sus oídos pudieron percibir, y supo que aquel cántico anunciaba el final de sus días. Con gran serenidad hizo venir al monje en quien más confiaba, y tras nombrarlo su sucesor le pidió que lo llevara hasta la cueva sepulcral y depositara su cuerpo sobre la piedra plana del interior. El monje obedeció silenciosamente.

—Mi última voluntad a ti te la encomiendo. Quiero que las tablillas escritas por los alumnos sobre la historia de nuestros enemigos los druidas, sean transcriptas en libros para que permanezcan y no puedan corromper a los ingenuos.

Su voz flaqueó y sus pupilas se cubrieron con un velo opaco. Al verle cruzar sus manos sobre el pecho, el joven monje se apresuró a darle la extremaunción:

—Padre nuestro que estás en los cielos —rezó fervorosamente.

—Soy el viento que alienta sobre el mar —musitó el moribundo.

—Santificado sea tu nombre —continuó el monje desconcertado.

—Soy una ola en el océano —susurró el moribundo.

—Venga a nosotros tu reino — insistió el monje asustado.

—Soy rumor del rompiente —siguió el viejo druida cada vez más débilmente.

—Hágase tu voluntad —terminó el monje y se inclinó sobre los yertos labios para no perder ni una sola de las palabras que estaba pronunciando el Abad.

—Soy el buey de los siete combates, soy el halcón sobre la peña, soy una gota de rocío al sol, soy jabalí bravío, soy salmón de agua viva, soy un lago en la llanura, soy palabra de ciencia, soy la lanza victoriosa que combate.

—Padre —lo interrumpió el monje estremecido—. ¡Abad!

—Yo soy el druida que prepara fuego para una cabeza en el dolmen de la montaña —y el aliento de Ainnle se congeló en su pecho.

El monje le cerró los ojos y con gesto inseguro trazó sobre su frente la señal de la cruz.

Al amanecer, la comunidad de los hombres oscuros desfiló con antorchas delante de la cueva. Nadie se percató de que en ese instante una bandada de grullas volaba frente al sol. El sucesor fue investido con los símbolos de su jerarquía en una sencilla ceremonia, y cuando todo hubo terminado, se retiró a su tienda. Después de rezar sus oraciones, tomó los instrumentos de escribir heredados de su antecesor y comenzó a trazar caracteres latinos sobre un pergamino. Ignoraba el sentido de los versos recitados por el monje Clonann antes de entregar su alma, pero seguramente se trataba de una oración muy poderosa que debería ser trasmitida a las siguientes generaciones de cristianos. Nunca supo que estaba copiando para la posteridad los versos sagrados de Amorgen el Bardo, primer cantor de los antiguos Tuatha, que narraban los viajes del alma antes de su regreso a la tierra para cumplir con un nuevo destino. Cuando escribió la última palabra, un dulce sueño abatió sus párpados y se quedó dormido.

LUCY ARAÚJO PÉREZ (Granma, 1955). Narradora y poeta. Miembro de la AHS. Primera mención cuento en el Encuentro Nacional de Talleres Literarios de 1990. Tiene publicado el libro *Itanam* (cuentos, Editorial Sanlope, 1994).

En su libro *Itanam* (Manatí, su pueblo natal, al revés) puede encontrarse una explicación a la manera en que esta narradora asume el hecho creativo en el género. Lo cotidiano aparece exaltado con un barniz fantástico que ofrece una visión distinta, en cierto modo novedosa, de la vida rural en nuestros campos. Aunque en su obra posterior adopta una posición más realista respecto a la realidad y al efecto de la modernidad en su entorno social, conserva ese tono costumbrista, ese punto de vista provinciano (nada peyorativamente hablando) que se convierte en un enfrentamiento del pensamiento criollo natural y nativo con el pensamiento del mundo moderno que cada vez ocupa nuevos (y más recónditos) predios en la isla.

GIDA ENTRE DOS PUERTAS

y vio que Eréndira empezaba a caminar por la orilla del mar en dirección opuesta a la ciudad.

GABRIEL GARCÍA MÁRQUEZ

PRIMERA VISIÓN CON ANTEOJOS

Los itanamenses se preguntan dónde está Gida ese día de diciembre. Gida, nombre de perra en celo, y de foca malintencionada, nombre de flor en capullo o iniciada en nigromancia. La tarde en que comienza esta historia no espera a Enrique, su hombre, sino a Gérar, quien se encuentra en la terminal de La Bahía para tomar el Tren de la Memoria que ha de llevarlo a la tierra de Itanam. Calcula que no tendrá paciencia y se acostará de nuevo con Enrique. En ese momento, el viejo entra al cuarto, cierra la puerta con estrépito y la empuja hacia la cama mientras le grita: Se acabó.

Tenía que ser de ese modo. Para él no existen barreras. Desde que Omar se fue, apareció. Tiene seis mujeres y aun así ha querido casarse conmigo. Cierto día me lo propuso, le dije que no y partió para la tierra del Camán. A su regreso, prometió que se pegaría candela si me negaba a amarlo. Dentro de poco llegará: Gida, vamos a jugar, y con una sonrisa repetirá por vigésima vez que es mi hombre. Llega con las manos llenas; en una la botella y en la otra los cigarrillos de a diez centavos.

El peligro de que todo acabe está ahí, piensa Gida. El hombre que conoció en uno de sus viajes de negociante a La Bahía, ha cambiado. Entonces siente los toques. En la casa de la foca hay dos puertas. Gida no abre enseguida una de ellas. Espera a que se le pase la sensación de placer, tiene que aparentar un poco de recelo y despojarse de la bata hecha ripios. Cuando cree finalmente que está lista, abre. Es un hombre negro: Tengo tremenda sed. Gida se extraña del saludo y busca agua fría. Luego lo invita a pasar. Nadie del barrio vio a Gérar en el momento en que entraba, ni cuando Gida le da un beso mientras le dice que no lo esperaba. Lo que sí ven es cuando Enrique sale por la otra puerta, dobla por la esquina de los barracones y llega a la bodega de San Isidro el Labrador. Piensa que alguna vez Gida abrirá los ojos como las conejas y no como las focas. Hasta ese día se acostará con él. Ha sabido del enamoramiento, pero no entiende cómo una mujer del temperamento de Gida puede esperar por alguien tanto tiempo. A pesar de todo, comprende que él, Enrique de la Torre, es el único amado por ella. Supo que antes de sus relaciones existieron diez hombres en la vida de la foca y mientras, ni contarlos. Pero lo mejor de esa hembra es la sinceridad; nunca finge ser fiel. Esto alegra a Enrique porque a veces es molesto el exceso de falsedad. Ella le cuenta de sus andanzas como si fuera un padre y lo convence de que el amor es otra cosa.

El recién llegado pide otro vaso con agua, y una cerveza. Gida llama a su hijo mayor para que busque panes también. Entonces la ve. Ahora sucederá la hecatombe, piensa. Seguramente se lo dirá a los vecinos y todo Itanam se enterará de la visita. No se puede explicar cómo esa persona puede ver a través de la pared lo que sucede en el interior de la casa. Gérar, a su vez, considera que mejor no hubiera venido a este pueblo extraño cuyo nombre, según Gida, es el de un indio de la primera generación. En el trayecto desde la terminal ha visto cómo sus habitantes se pintan igual a los rinocerontes y tienen caras de proxenetas, mediocres, jugadores de la bolita, cogedores de la papeleta, pandilleros y egoístas, y, sobre todo, envidiosos.

Gérar sabe que ella vende aretes, pulsas, gafas, cigarros a diez centavos, botellas de ron a tragos y hasta zapatillas tejidas. Por supuesto, él ni se imagina que el dinero lo gasta sólo en pizzas. Trae para ella un paquete mandado por Pánfilo, el amigo común que la inició en el arte del bisne. Gida hurga en la caja que le ha dado Gérar. De pronto algo la inquieta, siente como si la miraran, experimenta una sensación igual a la del día de la discusión con Sitaí. Los ojos de esa persona están encima, escrutándole los pensamientos. Se da cuenta de que traspasan las paredes otra vez, y sentencia: Puta chismosa. Se molesta mientras piensa en la causa por la cual a su vecina le dicen la mujer del río. Le parece que ese nombre se lo pusieron por ser mala, rollera y sabelotodo. Ha oído hablar a los hombres acerca del cuerpo de Sitaí: Es hermosa como la simiente de Itanam, dijo Miguel Sosa, el poeta. Otros la derriten con sus ojos libidinosos, y otra vez Sosa dice: Es como el junco que crece a orillas del río. Gida recuerda ahora cuando Enrique y Sitaí se fueron para la playa Salinas Doradas. Se enteró por él mismo que la gozó tres días justos y la trajo al barrio desmadejada de tanto sexo. Entonces Gida le dio una paliza. Desde ese día ella se esconde a la hora de pendenciar en la casa de la foca, pero ahora se ha vuelto osada y la siente: Son sus malditos ojos de vaca.

Por la noche le dice a su novio que se quite la camisa. Puede sentirse como en su casa, que los itanamenses serán chanchulleros, chismosos, enfrascados en la última campaña contra cualquier infeliz, pero son muy hospitalarios. Luego agrega: Por cierto, mañana iremos a casa de Mantilla, una amiga. Vive del lado de allá del lago. Gérar trata de orientarse y pide un mapa a su novia. Ella le enseña uno que cuelga de la pared: No es de Itanam, pero puedes usarlo. Es de otro pueblo mierdero, igual a éste. El hombre se pasó toda la noche en el intento de ubicar el lago, y como no pudo, solicita a Gida que prepare el baño para ambos. En la sala, el reloj antiguo sacude su péndulo y anuncia las cinco de la mañana. Ella ríe: Eres muy atrasado, amor. Cómo te vas a bañar en un lugar tan limpio como Itanam. Aquí no hace falta. Además, para los itanamenses es una ofensa que alguien los visite y se bañe. Si lo hacen, lo sacrifican. Lo llevan a la Fuente de la Luz y en aquel altar, junto al Dios —un muñeco con la cara pintada de hollín, o bagacillo, como le dicen los pobladores, ligado con estiércol— hay unos hombres que sacan las uñas a las víctimas, poco a poco. Tienen las caras risueñas y un tanto distorsionadas por el exceso de walfa, licor exclusivo de Itanam. Luego rezan en nombre de los bienaventurados de la hechicería y dicen que sacrificarán al infeliz por haber cometido sacrilegio. Mandan al sacrificado a que se aparte del medio y riegan ceniza con azufre en forma de cruces; luego éste debe quitarse los calzoncillos para hacer la ofrenda de sus genitales al dios. Gérar se encoge. Piensa que le ha llegado la hora y pide clemencia. Pero no hay nadie para socorrerlo. Su única esperanza es Gida y forma parte de la muchedumbre que vocifera: Mátenlo por sacrílego. Ve su cara hinchada y llena de pinturas. Entonces siente que su cabeza es cortada justo en la base. Solicita a su verdugo que se la dé como un recuerdo de este pueblo. La cabeza va a parar a la hoguera, en tanto que el Gran Sacerdote grita: Batum maram faseum aneum maliam. Alguien traduce las palabras a Gérar, quien se horroriza: Este hombre lleva la gloria a los infiernos por haberse bañado.

Gida termina la historia y él quiere irse pronto de Itanam.

Esa misma mañana, la foca se desnuda frente al espejo y encuentra lejos de ella la mirada de su novio, quien pregunta por qué tiene el vientre grande. Responde con rudeza: Por comer tantos derivados de la harina. De repente, ambos distinguen un olor extraño. Ella no dice nada, pero sabe que es el perfume del viejo y experimenta la sensación de que los espía. Ahora, en el propio espejo, se ha repetido la imagen de él. Ve cómo sonríe con burla. Le da la espalda y camina hacia el novio. Es entonces que encuentra el modo de agradarle. En la cocina se escucha el murmullo de los apretones y los deseos de Gérar. El novio descubre a Enrique en el espejo en cuanto acaban. No sonríe como espera la mujer, sino que hace una mueca y da una bofetada al viejo. Luego arrastra el cuerpo hasta el fondo del cuarto. Le extrae el dinero del bolsillo trasero y masculla: Viejo chulo. Finalmente le da dos patadas y lo coloca debajo de la cama. Gida se ha dado cuenta de la bofetada; sin embargo, ha ido al baño y más tarde se sienta a tejer en su balance preferido mientras susurra la melodía de *Candilejas*. Estima que Enrique se ha ido después del golpe.

Al mediodía, Gérar piensa sobre la cama. Quiere volver a La Bahía. Teme que su castigo sea para siempre. Pero se imagina en el Tren de la Memoria, con ganas de llegar y el tiempo sin transcurrir, como cuando venía. Ese tren es lo último que puede sucederle a un ser humano. Hay gente que se suicida durante el viaje. Se decide al final por no irse. Es preferible. Aquel mismo día ha discutido con Gida por lo que hizo a Enrique. La foca lo ha encontrado desmadejado y lloroso, y después de curarlo besa sus labios. Se ha virado y dice a su novio que se marche. Pero ya a esa altura él ha determinado no irse, y aunque Gida arma un lío con su ropa, no accede. Sitaí atisba entre paredes y desde la puerta invita: Si quieres trae para acá la basura. Tengo un incinerador. La foca la ha mirado con ira: Puta pendenciera, y le ha tirado la puerta en las narices. Gida olvidó que los ojos de Sitaí son mágicos.

Gérar sale a dar un paseo por el pueblo y se percata de sus rarezas. Frente al cine hay mucha gente que intenta entrar a la vez. Rompen los cristales y empujan sin piedad. Se queda parado y observa un extraño espectáculo. Una joven vestida de blanco se hiere con un fragmento de cristal y llena de sangre toda su ropa. Es un líquido amarillento que se convierte en una corriente. Gérar ve cómo un brujo se arrodilla y vocifera que algo anda mal en el pueblo, a lo mejor es un extranjero que ronda. Gérar se asusta y opta por irse. Antes de hacerlo, divisa a la joven que se va en el río ámbar y unos cuantos pobladores la siguen como las vacas ahogadas. El hombre de La Bahía se persigna y se marcha. Por el camino ve cómo la multitud implora mientras mira hacia el Cielo de Itanam. Cuando llega a la casa, la foca le comenta acerca de aquel lugar y las cagadas de las moscas.

Cuando alguien muere en mi pueblo es despedido con alegría. Los que le rodean no lloran porque saben que los muertos van a ese cielo; un paraíso amado por los itanamenses. Allá puede comer la variedad de frutas de la vida-no-vida. Hay para los grandes y los pequeños, y nadie permite que se pudran. Las comen porque tienen un néctar que emborracha. Lo malo es que si un itanamense vivo quiere comerlas, deberá pedir audiencia al Gran Coloní, que es un hombre con una perfecta cabeza de cerdo —gorda y rechoncha—, y el resto del cuerpo, humano por completo. Para llegar a él pasará por tres oficinas con una tarjeta color crema. A su vez, es obligatoria una cagada de mosca en la esquina derecha, y si por casualidad al insecto no se le ocurrió hacer la necesidad en esa parte, entonces te citan para otro día. Una tarde me habían marcado en la cola de las tarjetas. Logré el mediodía anterior lo imposible: la caca en la esquina derecha. Claro, eso me costó permanecer una semana en el merendero que está frente al parque. ¿Sabes?, hace tiempo añoraba irme de vacaciones para allá. Alguien se coló y cuando me correspondía, la secretaria del Gran Coloní dijo:

—Lo siento, pero ha llegado la hora del almuerzo. Ahora hasta las dos.

En el intermedio, los itanamenses fuimos convocados para una asamblea urgente. A través de los audios escuché que habían suspendido los viajes al cielo por tiempo indefinido. Había perdido la esperanza de visitarlo.

Y llegó un día feliz.

—¿Qué pasó, Sitaí?

—Gérar, uno de los amantes de la foca, se fue para La Bahía.

—¿Y qué ocurrió?

—Comió tanto en el Tren de la Memoria que reventó.

—¿Entonces qué hace Gida ahora?

—Espera a que se reanuden los viajes al cielo.

—Sería lo mejor. Ella lo necesita.

—No tanto.

— ¿Tú crees, Sitaí?

SEGUNDA VISIÓN CON ANTEOJOS

Al cabo del tiempo, me convertí en la mujer más preciada del pueblo. Entonces conocí a Hipólito Durán. Era médico y el hombre más grande en miles de leguas a la redonda. Él me gustaba mucho, principalmente con calzoncillos matapasiones y botas altas, o cuando fumaba tabacos escogidos en la bodega de San Isidro el Labrador. En nuestra primera salida fuimos a la Cueva del Humo, único centro nocturno de Itanam. Fue cuando le conté acerca de Gérar y lo angustiada que estuve por su muerte. También le hablé de Enrique. Me dijo que lo sabía todo acerca de mí, y con acento despiadado espetó: No esperes propuesta de matrimonio. Lo que deseo es alquilar en hoteles y darme la buena vida. Nunca me he casado ni lo haré. Reí para mis adentros y lo tranquilicé: Tampoco quiero casarme.

La foca sale a dar un paseo por el prado itanamense, situado detrás de la piragua del deshonor —una embarcación antigua donde depositan los huesos de los caballos que los delincuentes matan. Contempla de lejos a las parejas de enamorados, los nota serenos mientras caminan por la calle cubierta de hierbas. Es cuando divisa a la mujer más fea del mundo. En forma de mímicas y sin que Hipólito la vea, avisa a Gida que quiere hablarle. La foca se le acerca y escucha de los labios amoratados una profecía. Cinco minutos más tarde le pregunta a su novio si no ha visto a nadie hablándole. Él niega y la tranquiliza. Estás soñando. Pero ella replica. Es cierto, Hipólito. Dijo que se me presentaría un período en el cual no tendría ni agua para beber, ni qué comer, y la gente me cogería un odio a muerte. Nadie sería tan infeliz como yo. Luego se fue en medio de carcajadas infernales. ¿No las escuchaste? ¡Qué raro! El hombre de cara rasurada y ojos de canario mira a la mujer llamada Gida y la besa con ademán de rey. Oye, amor, no creo en aparecidos. De todas maneras, báñate con gajos de rompezaragüey, abrecaminos, vencedor, amansaguapo y yerba de aura. Ella no dijo nada, pero supo que tarde o temprano, a pesar de los baños, la profecía se cumpliría.

Las predicciones comenzaron a realizarse con la muerte de Hipólito Durán. La causa fue tomar licor prohibido. El día de la ejecución es domingo y la mañana está soleada. La foca se aparece al lugar con una pierna hinchada. A Dino Moreno le llamó la atención ese hecho. Fue la primera vez que la vio. Ella se puso frente al verdugo, quien tiene a su izquierda cuatro botellas de veneno para garrapatas, gusanos, cucarachas y todo género de insectos. Explica que la dosis sería tres vasos de cada una. En cuanto Hipólito bebiera de la primera botella, le entraría una jaqueca muy fuerte que le daría por desnudarse. En la segunda, se rascaría hasta arrancarse la piel. En la tercera, se tiraría de la quinta planta de un edificio y si quedaba vivo, tendría que tomar de la cuarta botella. Se pondría entonces en cuatro patas y ladraría como los perros y pediría que lo mataran. Para ese final, ya se habría convertido en el ser más feo de Itanam.

Gida se acomoda en el palco y se dispone a presenciar el castigo. Los ojos de Hipólito la miran, pero ella le grita: Jódete, quién te mandó a no hacerme caso. Te dije que entraras en todo tipo de relajo y no te hicieras el serio. No vale la pena. Te aclaré que no fueras a la selva a esa hora porque las brujas del encanto obligan a cometer locuras.

A medianoche, Hipólito Durán va por la tercera botella y no hay manera de que cambie. Es cuando se escucha el canto de las sirenas de la luz. Los que se encuentran cerca del condenado, se hinchan hasta explotar; hacen pof, pof, pof, como los globos de cualquier empleado de Itanam, y los presentes desaparecen de la plaza. Cuando Gida se percata de que ella también se pone gorda, huye. Tiene terror a convertirse en sapo, como ya les ha pasado a algunos. En el momento que corre, mira hacia el cielo y ve al verdugo entre cirros: Ay, sálvenme, socorro. Pero nadie hace caso. Todos están ocupados en cuidar de sí mismos. Al otro día aún se escuchan los gritos de alguien que desde las nubes pide clemencia. El cuerpo de Hipólito Durán jamás fue encontrado. Lo vería al cabo del tiempo y en el lugar menos imaginado.

Después de la desaparición de mi último novio, me enamoré de un hombre extraordinario: Dino Moreno. Era respetado por todos porque tenía mucho genio, y cuando iba a las colas siempre era el primero. Durante las noches de luna llena dormitaba en el portal de la tienda La Amistad, mientras oía las anécdotas hechas por la Decidora. Siempre tuvo una afición muy grande a hablar y participaba junto a aquella mujer en la narración de chistes. Cuando era objeto de burla por su defecto del habla, se ponía bravo y cada cierto tiempo mascullaba: Me cago en Dios, caramba. En su primera juventud, Dino amó a una extranjera que vino de veraneo a la playa Salinas Doradas, pero cuando más enamorado estaba, la rubia se fugó con un japonés. Desde entonces casi no se muerde la lengua. Como ella se fue, Dino se quedó con una inmensa cantidad de dólares. Sitaí me contaría esta historia una noche. Lo vi por segunda vez un día de esos en que los rayos del sol queman y la gente vocifera que tiene calor. Él me vio desnuda prácticamente en el trasluz de la fuente.

La vi en el trasluz de la fuente. Me puse contento porque casi no usaba ropas. Esta mujer de glorias a la que oí llamar Gida, usaba una trusa que dejaba las nalgas al aire. Eran como dos pelotas infladas, morenas y movedizas. Los ojos de ella se fijaron en mí en cuanto le miré el pubis. Entonces hizo un movimiento para agacharse y supe que ansiaba conocerme: Soy Dino Moreno. Ella sonrió y me dio la mano. Ahí comenzó el idilio. Y desde entonces se me quitó definitivamente el defecto del habla.

Siempre anda con zapatos de dos tonos, aunque haya pasado la moda. Para él no hay épocas. No acostumbra visitar mucho a Gida, pero el día de la desgracia, una mano sobrenatural lo empujaba hacia la casa de la foca. Se pone de cuello y corbata y sale. En cuanto se para en el umbral, nota los zapatos de hombre que sobresalen por la parte de abajo del escaparate. Pregunta a su mujer si tiene visita. Ella, por toda respuesta, le presenta a Enrique como amigo de la familia, pero Dino replica que ya ha oído hablar de él. A su mente acuden la imagen de la rubia y el momento amargo después del abandono: Esta vez no me dejaré raptar la hembra. Desafía a Enrique y se dispone a la pelea. Se miran como dos cocodrilos y sacan sus cuchillos. Ella los deja solos y ayudada por Sitaí avisa: Corran, Dino y Enrique se matan. Los vecinos llegan y vocean: Salgan a la calle. Parecen dos gallos, y al primer intento el viejo hiere a su rival. Gida piensa: Seguro le pondrán una multa por desfiguración del rostro y otra por escándalo público. Pobre Enrique del alma. Ambos se enrolan y dan vueltas con los cuchillos llenos de sangre. Los vecinos calculan que caerá el tonto de los zapatos blanquinegros; sin embargo, el corazón y el hígado del viejo saltan y se van de su cuerpo. El moribundo llama a Gida, que se arrodilla a su lado y escucha la voz que se aleja hacia el Cielo de Itanam. Susurra que está feliz de morir por ella y que la espera allá. Dino limpia el cuchillo y toma a Gida de la mano, mientras le dice: Recoge a los muchachos, que nos fugaremos en el próximo vuelo. De lo contrario, me matarán sus hijos. Esperan escondidos, cubiertos de hollín y cansados. Son cuatro sombras traspasadas de hambre, inmóviles por la debilidad. Esperan el avión ocultos en la arboleda. A lo lejos escuchan los ladridos de los perros que los persiguen. Dino pone la oreja sobre el pavimento y escucha el ruido del avión que casi va a despegar. Al fin. Se abrazan y más tarde corren al divisarlo. Montan. Dino amenaza con el cuchillo al capitán y desvía la ruta en el mismo instante en que se acercan los hijos de Enrique con los perros.

El Cielo de Itanam se llenó de júbilo cuando nos recibió. Antes de llegar a la casa destinada a nosotros, pasamos por un arroyo. Allí nos explicaron que debíamos ponernos duros porque había zonas encantadas en la travesía. Después de comer en un restaurante y de cambiarnos de ropa, salimos. Gida estaba dichosa y nos besamos frente a sus hijos.

Recuerdo que Dino compró fusiles por si aparecía alguna fiera. Era bien temprano cuando salimos. En el reloj de la catedral principal del Cielo, el digital marcó las cuatro de la madrugada. Mis hijos iban alegres; no obstante, yo estaba un poco acobardada y le dije a Dino que debía hacer un resguardo al lado de la primera ceiba del camino. Estuvo de acuerdo y así lo hicimos. Cuando terminamos, apareció una culebra tan dorada que brillaba al sol como si fuera de oro. Dino habló de riquezas que debía tener en su cueva. Al principio no le hice caso, pero mis hijos dijeron que era verdad. La culebra se puso melosa, pensó tal vez que nos engañaba y mostró el camino hacia un tesoro. De pronto, sin nadie esperarlo, la culebra rompió a hablar y nos dijo que la felicidad en el Cielo nos convertiría en reyes.

Decidí seguir muy cerca de Gida, pues presentí un ataque de la Culebra de Oro. Los hijos de ella reían mientras cogían todo género de frutas; mangos cubiertos de luz que ofrecían un néctar almibarado y un enorme goce, manzanas llenas de jugo y peras que emborrachaban por lo dulce, naranjas grandes, azucaradas, y piñas que derretían azúcar. Los dos muchachos, al parecer, sentían que volaban sobre las nubes. La Culebra de Oro se nos perdió en medio de la selva. Hasta Gida se percató de que era un engaño del animal y así me lo hizo saber, pero yo la trataba de tranquilizar: No desconfíes, amor. De súbito apareció ante nosotros un león y entonces disparé. En ese momento se presentó un individuo tan pequeño que me daba por la cintura: Los sacaré de aquí. Quien anda por esta selva corre el riesgo de que la tentación lo destruya. El león es la madre de la Culebra de Oro.

Están llegando a la cueva de la culebra cuando se miran. Gida se asusta mucho al ver a sus hijos irreconocibles. Dino se esconde detrás de un tronco hueco: Son como animales peludos. ¡Qué horrible!, vocifera Gida. Los muchachos la miran cubiertos de miedo: Mamá, tú también. El júbilo sentido al comer las frutas se convierte en pánico. Dino Moreno sabe entonces que la Culebra de Oro los ha engañado y seguirán transformándose en bestias, a medida que se acerquen al tesoro. La culebra va hacia ellos y los consuela: En cuanto entren a la cueva y tomen en sus manos las piedras preciosas, se les quitará todo ese pelo, dice con una voz gorda y fea. La miran con desconfianza y se apoderan de un garrote: Hemos sido traicionados. Y le van arriba. Pero se convierte en un ser no animal ni persona, ni nada. Habría acabado con Dino Moreno y su nueva familia si no es por el Enano Cusino que aparece otra vez. Ahora tiene un arma rara y le dispara al animal. Después guía a los engañados hasta una fuente de agua bendita. Desde que salen del lugar sagrado y con el alma llena de dicha por haberse bañado allí, hasta la casa destinada a ellos, escuchan al Enano Cusino, que cuenta la historia de su existencia. Vivía al lado de la Culebra de Oro y ésta poseía muchas vidas. Él está condenado a vivir junto a ella porque había sido encantado. Así les hubiese pasado a cada uno de los cuatro caminantes si hubieran entrado a ver el tesoro que en realidad estaba formado por piedras. Finalizó advirtiendo que la Culebra de Oro era tan envidiosa que no lo dejaba vivir en paz.

ÚLTIMA VISIÓN, PERO SIN ANTEOJOS

Ha pasado mucho tiempo. Este pueblo de salvajes se conserva tal y como estaba, salvo algunas transformaciones después de la desaparición de Hipólito Durán. Ese hecho había marcado una nueva era en la vida de Itanam. Dos jóvenes conversan en el parque doscientos meses luz más tarde, tomando como división la DHD. Ellos se parecen un poco a los antiguos, pero no dicen mentiras ni son fanáticos. Hay un joven con una visera de color rojo y trae además unas gafas. Ríe de los cuentos del Niño Prodigio que le hace su amigo. Luego narra el modo en que destruyeron la Fuente de la Luz para hacer una fábrica de conservas. Eso da más para los itanamenses. Es preferible antes que tener un lugar sagrado donde los antepasados hacían sus sacrificios. Hay otro cambio significativo. En lo que antes había un terreno baldío, al lado mismo del hospital, han hecho un lugar de reposo para los ancianos; allí se comen las uñas y ríen de sus años mozos. Así estaba la tierra de Itanam mucho tiempo después de que Gida la dejara para huir con Dino Moreno.

Están en un recinto que tiene piedras preciosas en las paredes y hay unos angelitos denominados regadores de la luz, que sonríen con sinceridad desmedida. Cuando andan en su ajetreo, se abre de pronto la única puerta que tiene el lugar y viene alguien que provoca el asombro de Gida. Nunca pensó encontrarlo personalmente allí. Los dos párpados liberan los huevos de sus ojos y éstos salen volando. Se vuelven extraños cómplices de los regadores de la luz. Los angelitos sonríen extasiados mientras surge desde las fronteras de su hogar una lluvia divina que agarra la mujer con las manos extendidas, y ríe feliz. Entonces invoca a sus ojos para que regresen a las órbitas. Cuando retornan, huyen recelosos de quien tienen delante. Es una aparición.

Los dos jóvenes oyen desde el Cielo de Itanam una voz lejana. Quienes la escuchan se van poniendo alados y la tierra se llena de ángeles. En la calle principal aparece una estela de luz a la altura de una de las torres construidas cerca del aeropuerto. Por esa luz, un poco al sur, desciende con sus hijos, una valija bajo el brazo y sin Dino Moreno, la bella Gida.

Ahora los itanamenses respiran aliviados porque saben dónde está Gida, que es nombre de perra en celo, de foca, de flor y de hechicera.

DEL COMPILADOR

AMIR VALLE (Guantánamo, 1967). Narrador, crítico y periodista. Miembro de la UNEAC. Ha obtenido varios premios nacionales, entre los cuales se destacan: Premio Cuento 13 de marzo, y Premio Testimonio UNEAC, ambos en 1988; Premio Razón de Ser (novela), 1999. Ha publicado los libros *Tiempo en cueros* (cuentos, 1988); *Yo soy el malo* (cuentos, 1989); *En el nombre de Dios* (testimonio, 1990); *Quiénes narran en Cienfüegos* (ensayo, 1993); *Ese universo de la soledad americana* (ensayo, Colombia, 1998); *Ciudad jamás perdida* (novela, editorial Derunge Editions, Suiza) y *Las puertas de la noche* (Distel Verlag, Alemania, 1999). Sus libros *La danza alucinada del suicida* (cuentos, Editorial Sanlope); la novela *Si Cristo te desnuda* (Distel Verlag, Alemania) y el libro de testimonio *Con Dios en el camino* (traducido al árabe) aparecerán próximamente. Cuentos suyos han sido publicados en diferentes antologías y revistas en Cuba y el extranjero.

ÍNDICE

IMPRESO EN LOS TALLERES
GRAFICOS SOCIEDAD DE SERVICIOS
DE ARTES GRAFICAS, S.L.
SEPTIEMBRE DE 1999
MADRID (ESPAÑA)